Risk Management for Information Security

Autore: Vincenzo G. Calabrò

2017 © Lulu Editore

ISBN 978-0-244-30568-0

Maggio 2017 Prima edizione

Distribuito e stampato da:

Lulu Press, Inc.

3101 Hillsborough Street

Raleigh, NC 27607

USA

Introduzione

L'Information Technology (IT) può essere considerato il maggiore strumento per la creazione di ricchezza economica del ventunesimo secolo. Per questo, oggi l'IT viene considerato come un fattore critico per il successo dell'impresa nell'ottenere vantaggio competitivo, aumentare la produttività e diminuire il rischio di fallimenti o perdite di quote di mercato. Visto l'importante ruolo assunto dall'IT all'interno dei processi dell'impresa, nasce l'esigenza di preservare tali sistemi dai danni inerenti l'integrità, la disponibilità e la confidenzialità delle informazioni in essi custodite.

A questa necessità fa capo l'*Information Security Risk Management*, un processo di valutazione dei rischi inerenti un sistema informatico e dell'efficacia dei controlli pianificati o realizzati per mitigarli. Il processo di Risk Management, inizialmente impiegato dalle banche per una gestione dei rischi di insolvenza e dalle società quotate in borsa per la valutazione dei rischi dei mercati finanziari, oggi trova applicazioni in moltissimi ambiti. Sempre più diffusa, infatti, è la così detta "cultura del rischio" intesa come necessità da parte del management di monitorare e gestire le voci di rischio che possono provocare un impatto negativo ai processi di business di un'organizzazione.

Il presente lavoro, articolato su cinque capitoli, discute la *Security Risk Analysis*, ovvero un processo di analisi e di gestione dei rischi inerenti la sicurezza del sistema IT di un'impresa. A questo scopo studieremo i principali approcci esistenti e infine proporremo un nuovo modo per la scelta degli investimenti in sicurezza.

Nel primo capitolo verrà studiato il *Risk Management* nell'impresa. Vedremo come sia necessario classificare, misurare e mappare i diversi rischi che possono interessare un'organizzazione al fine di raggiungere una maggiore consapevolezza dei problemi interni all'organizzazione aziendale. Inoltre, scopo del processo di Risk Management è anche quello di migliorare la raccolta delle informazioni necessarie al management per una corretta valutazione delle strategie di impresa.

Nel secondo capitolo verrà studiato l'*Information Security Risk Management*, quel processo volto ad individuare e gestire i rischi inerenti i sistemi IT e le informazioni in esso custodite. Studieremo quindi le tre fasi che compongono il processo.

La prima fase, quella di *Risk Assessment*, ha l'obbiettivo di studiare in maniera dettagliata i diversi asset che compongono il sistema IT, individuare le potenziali minacce ed identificare gli opportuni meccanismi di controllo volti a ridurre o ad eliminare le voci di rischio individuate.

La seconda fase, di *Risk Mitigation*, ha lo scopo di valutare, attraverso un'analisi costi/benefici, i controlli identificati nella fase precedente, con l'obbiettivo di selezionare quelle contromisure capaci di ridurre il livello di rischio con il minor costo.

La terza e ultima fase, quella di *Risk Evaluation and Assessment*, ha l'obbiettivo di monitorare e valutare i risultati ottenuti nell'implementazione dei meccanismi di controllo selezionati dal management.

Nel terzo capitolo analizzeremo le diverse metodologie che possono essere adottate per lo svolgimento dei processi di risk management. In particolare studieremo e confronteremo due approcci quello *qualitativo* e quello *quantitativo*.

L'approccio *qualitativo*, vedremo, è basato su valutazioni di tipo soggettivo dei differenti scenari che possono verificarsi all'interno di un sistema IT. Tali valutazioni vengono realizzate intervistando coloro che lavorano direttamente con gli asset che compongono il sistema e che sono in grado di identificare delle situazioni di rischio.

L'approccio *quantitativo*, invece, è basato su una quantificazione di tutte le grandezze necessarie per effettuare una valutazione dei rischi con l'obbiettivo di determinare, attraverso degli indici, la convenienza economica di un investimento in sicurezza.

Nel quarto capitolo vedremo come è possibile rappresentare gli eventi che si verificano all'interno di un sistema attraverso delle strutture ad albero. Analizzeremo i *fault tree* e gli *event tree*. Questi alberi a partire da un evento indesiderato, sono in grado di individuare rispettivamente le cause che possono averlo scaturito e gli effetti prodotti.

Parleremo quindi di *vulnerability tree*, ovvero di alberi usati per analizzare le diverse vulnerabilità che un attaccante può sfruttare per poter colpire un sistema.

In ultimo descriveremo gli *attack tree*, alberi che, grazie alla loro struttura, possono essere impiegati all'interno del processo di risk assessment per l'individuazione dei diversi scenari d'attacco che possono interessare un asset dell'impresa.

Nel quinto capitolo verrà proposto un nuovo modo per usare gli attack tree all'interno per processo di Risk Management. In particolare, vedremo come, a partire da uno stesso scenario d'attacco, sia possibile effettuarne una valutazione da due punti di vista completamente differenti: quello dell'impresa e quello dell'attaccante.

Per fare questo dovremo arricchire l'albero con una serie di etichette che ci permetteranno di valutare, da un lato la perdita derivante da ogni tipo d'attacco e il costo che sarà necessario sostenere per l'adozione delle opportune contromisure, dall'altro il costo di ogni singolo attacco tenendo conto della perdita derivante dalla presenza di contromisure.

Useremo poi due indici il ROSI, *Return On Security Investment*, e il ROA, *Return On Attack*, con lo scopo di individuare quelle contromisure che sono più vantaggiose per l'impresa e che riescono, allo stesso tempo, a fronteggiare gli attacchi che con maggiore probabilità saranno messi in atto dall'attaccante.

Indice

Elenco delle figure

Elenco delle tabelle

Capitolo 1

Risk Management

Nella vita di tutti i giorni, in ogni azione che l'uomo compie, è necessario prendere delle decisioni sul da farsi; ogni decisione comporta delle conseguenze diverse e l'uomo deve essere in grado di fare le scelte che saranno per lui migliori. Ogni scelta, però, comporta necessariamente dei rischi, sta poi all'individuo valutare se correre tali rischi o se modificare il proprio agire in modo da evitarli.

Nel corso della vita di un'impresa le decisioni che devono essere prese non sono sempre semplici e necessitano, nella maggior parte dei casi, di un processo di raccolta di informazioni che permetta al management di scegliere nel modo migliore [17].

Proprio per far fronte a queste esigenze nasce il *risk management*, un processo che funge da supporto a coloro che devono effettuare delle scelte all'interno di un'impresa e che permette loro di analizzare le conseguenze della propria decisione e i rischi ad essa associati. Il risk management può essere così definito:

Definizione 1.1 (Risk management [9]). Risk management è l'insieme di attività coordinate per gestire un'organizzazione con riferimento ai rischi. Tipicamente include l'identificazione, la misurazione e la gestione delle varie esposizioni al rischio.

La gestione dei rischi di un business non è un processo nuovo; esso era generalmente di competenza esclusiva dei direttori di divisione o dell'alta direzione, i quali si servivano di strumenti quali questionari, diagrammi di flusso e di statistiche per effettuare la propria valutazione circa i rischi riguardanti la propria divisione.

Recentemente, però, è nata l'esigenza di creare un processo formale di gestione del rischio e di procedure standardizzate di misurazione e controllo, in modo da poter raggiungere una maggiore consapevolezza dei problemi e dei rischi della propria impresa e migliorare la raccolta delle informazioni necessarie al management per una corretta valutazione delle strategie di impresa.

Il processo di risk management viene svolto in tre fasi, ognuna delle quali composta da un processo a se stante, ma collegato con il successivo:

- *Risk Assessment*: il processo in cui vengono valutati i rischi e l'impatto che essi produrranno all'interno dell'impresa. L'obbiettivo è quello di selezionare i diversi metodi che possono essere adottati per ottenere una diminuzione di tali rischi.

- *Risk Mitigation*: il processo con cui il management deve decidere quale strategia adottare per la gestione dei rischi, e in base a questa, selezionare tra i metodi individuati nella fase precedente, quelli che risultano migliori per l'impresa.

- *Evaluation and Assessment*: il processo di monitoraggio e valutazione dei risultati ottenuti dall'implementazione della strategia selezionata dal management.

Il processo può essere considerato circolare (vedi Figura 1.1) in quanto: in una prima fase vengono identificate le risorse più importanti che sono coinvolte nel processo e vengono individuati i rischi cui potrebbero essere sottoposte e l'impatto che questi potrebbero avere sull'intera organizzazione (*assessment*), successivamente vengono stabilite le misure più appropriate per l'eliminazione o la riduzione dei rischi (*mitigation*), ed infine viene monitorato il risultato ottenuto per verificare l'efficacia delle misure adottate (*eval-*

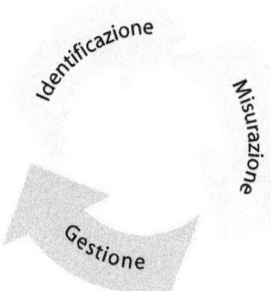

Figura 1.1: Fasi del processo di Risk Management.

uation) ed eventualmente apportare le modifiche necessarie ripercorrendo il processo in tutte le sue fasi.

1.1 Classificazione dei rischi

Definizione 1.2 (Rischio [9]). Il rischio può essere definito come l'incertezza che eventi inaspettati possano manifestarsi producendo effetti negativi per l'organizzazione.

Il processo di *risk management* si occupa di controllare i possibili eventi che possono manifestarsi comportando delle perdite in termini economico-finanziario, d'immagine o di continuità operativa.

L'identificazione dei diversi profili di rischio è il primo passo per un efficace processo di *risk management*: i rischi possono essere esogeni, legati cioè all'ambiente esterno in cui l'impresa opera ed endogeni legati cioè ai processi di business.

In generale un'organizzazione è esposta a tre tipi di rischio: *rischio strategico, rischio finanziario* e *rischio operativo*.

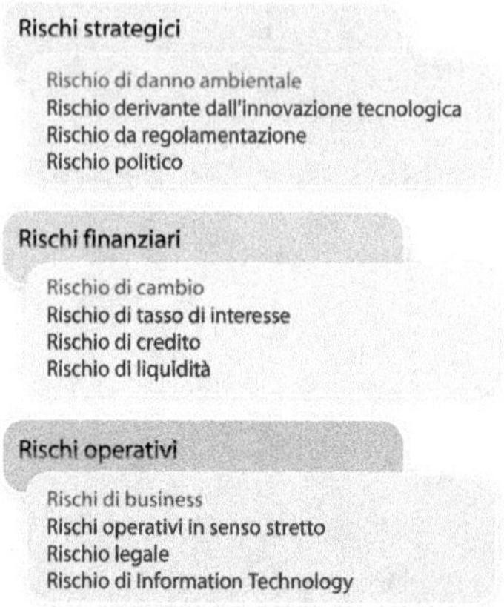

Rischi strategici

Rischio di danno ambientale
Rischio derivante dall'innovazione tecnologica
Rischio da regolamentazione
Rischio politico

Rischi finanziari

Rischio di cambio
Rischio di tasso di interesse
Rischio di credito
Rischio di liquidità

Rischi operativi

Rischi di business
Rischi operativi in senso stretto
Rischio legale
Rischio di Information Technology

Figura 1.2: Tipologie di rischio.

1.1.1   Rischi strategici

I *rischi strategici* sono prevalentemente legati a fattori esogeni all'organizzazione e dipendono, per esempio, dal contesto politico, economico, socioculturale, legale e regolamentare in cui l'azienda deve operare [9].
Questi sono rischi difficilmente controllabili da parte del risk management ma devono essere sempre monitorati in modo da conoscere i possibili impatti che potrebbero avere nelle diverse aree dell'attività.

Essi possono essere suddivisi in [2]:

- Rischio di danno ambientale: il rischio prodotto dall'emissione di sostanze tossiche inquinanti o dannose per l'ambiente. Questo comporterebbe l'esborso di ingenti somme di denaro per l'impresa provocando grandi perdite.

- Rischio derivante dall'innovazione tecnologica: situazione in cui l'impresa vede diminuire la propria quota di mercato, oppure, superata dalla concorrenza in seguito ad una innovazione di prodotto o di processo di quest'ultima.

- Rischio da regolamentazione: consiste nel danno potenziale che può essere subito, in settori particolarmente regolamentati, a causa di modifiche alla normativa vigente.

- Rischio politico: consiste nel pericolo che la situazione politica di un paese diventi instabile, con tutti i problemi ad essa connessi.

1.1.2   Rischi finanziari

I *rischi finanziari* sono legati, in parte al contesto esterno in cui opera l'azienda e inerenti alle possibili perdite causate dalla volatilità dei mercati finanziari [9].
Essi si possono classificare in [2]:

- Rischio di cambio: rischio derivante dai movimenti intervenuti nei mercati valutari.

- Rischio di tasso di interesse: deriva dalle fluttuazioni dei tassi, che possono modificare la spesa per interessi su passività a tasso variabile.

- Rischio di credito: deriva dalla possibilità di incorrere in perdite causate dal deterioramento delle condizioni economiche dei debitori dell'impresa e della loro conseguente incapacià di fronteggiare gli impegni assunti.

- Rischio di liquidità: causato da squilibri inattesi tra le entrate e le uscite monetarie della gestione aziendale.

1.1.3   Rischi operativi

I *rischi operativi* sono quelli legati prevalentemente ai processi di business, e per questo dipendenti da fattori endogeni all'organizzazione. Sono quei

rischi che il management si assume per creare un vantaggio competitivo e
quindi valore per gli azionisti [9].

Essi si suddividono in [2]:

- Rischi di business: sono legati alla struttura del mercato e dell'ambiente competitivo in cui opera l'azienda (sono esempi di questi rischi le variazioni dei prezzi dei prodotti venduti o dei servizi offerti, della domanda espressa dai clienti, l'ingresso sul mercato di concorrenti o il lancio di nuovi prodotti alternativi, le variazioni del livello o della struttura dei costi operativi).

- Rischi operativi in senso stretto: sono legati alla tecnologia produttiva (sono esempi di questi rischi le interruzioni di processo, l'incendio, il furto, gli infortuni ai dipendenti o agli amministratori).

- Rischio legale: consiste nel pericolo di dover comparire in tribunale come attore o convenuto, impegnando mezzi consistenti per la causa e con la possibilità di subire un giudizio negativo e di dover rispondere di danni causati a terzi (sono esempi di questo tipo di rischi quelli riguardanti la responsabilità civile sui prodotti verso i clienti, verso i dipendenti e verso il fisco).

- Rischio di Information Technology: consiste nel pericolo di interruzione di servizio, diffusione di informazioni riservate o di perdita di dati rilevanti archiviati tramite mezzi computerizzati (del processo di gestione di questa tipologia di rischio parleremo dettagliatamente all'intero del Capitolo 2).

La Tabella 1.1 illustra a titolo di esempio un *business risk inventory* di
un gruppo assicurativo, evidenziando i rischi derivanti da fattori interni ed
esterni all'organizzazione e dividendoli in base alla buona/scarsa possibilità
di controllo.

Risk	Buone possibilità di controllo	Scarse possibilità di controllo
Strategic		- Contesto politico, economico, culturale e regolamentare - Market Change/catastrophic - External fraud/Atti illegali
Financial	- Volatilità dei mercati finanziari - Asset e Liability matching - Asset allocation, Credit, Liquidity - Accounting & Reporting	
Operational	- Sviluppo risorse umane - Prodotti/Pricing/Canali distributivi - Customer selection/Agenti - **Integrità–accesso sistemi IT**	

Tabella 1.1: Business Risk Inventory [9].

Da notare come l'identificazione dei diversi profili di rischio che possono interessare l'impresa non può prescindere da una profonda conoscenza dell'organizzazione, delle attività da essa svolte, nonchè dal contesto esterno all'impresa opera.

1.2 Misurazione del rischio

Un passo cruciale del processo di *risk management* è quello di misurare l'entità dei vari rischi cui l'impresa è esposta. Tale entità è data dalla correlazione tra probabilità di accadimento dell'evento e rilevanza dell'impatto.

La Tabella 1.2 illustra, ad esempio, una scala quali-quantitativa che può essere utilizzata per la misurazione dell'impatto provocato da un certo evento.

Il processo di misurazione del rischio risulta particolarmente gravoso in quanto non è semplice quantificare l'impatto potenziale che un determinato rischio può avere all'interno di un'organizzazione. I parametri che si utiliz-

Alto	Impatto finanziario superiore a 9.000.000 €	Impatto elevato sull'immagine, obbiettivi compromessi.
Moderato	Impatto finanziario superiore a 3.500.000 €	Impatto moderato sull'immagine e sugli obiettivi.
Basso	Impatto finanziario inferiore a 3.500.000 €	Impatto minimo sull'immagine, obiettivi non compromessi.

Tabella 1.2: Rilevanza dell'impatto [9].

zano a questo scopo devono essere coerenti con il tipo di analisi svolta al fine di limitare il più possibile gli eventuali errori.

Alto	Probabile (evento negativo entro l'anno)	- È accaduto negli ultimi anni per serie di debolezze di controllo. - Forti influenze di fattori esogeni.
Moderato	Possibile (entro i prossimi 7 anni)	- Difficoltà di controllo per fattori esogeni/endogeni. - Già accaduto.
Basso	Remoto (oltre i 7 anni)	- Adeguato controllo; evento mai accaduto. - Scarsa influenza di fattori esogeni/endogeni.

Tabella 1.3: Frequenza di accadimento [9].

La Tabella 1.3, invece, illustra una scala quali-quantitativa per la misurazione del rischio percepito come azzardo, come cioè evento negativo.

1.3   Mappatura del rischio

Una volta individuata la correlazione tra probabilità di accadimento e significatività dell'impatto è possibile procedere alla mappatura dei profili di rischio che possono interessare l'impresa. Così facendo è possibile mettere in risalto le aree per le quali sono necessarie delle azioni immediate che permettano di mitigare i rischi, riducendo la probabilità di accadimento dell'evento dannoso o la significatività dell'impatto.

La mappatura del rischio richiede:

1. lo studio del profilo di rischio dell'impresa indipendentemente dalle attività di controllo poste in essere al suo interno;

2. lo studio del profilo di rischio per effetto dell'attività di controllo poste in essere dal management.

La Figura 1.3(a) e la Figura 1.3(b) mostrano a titolo di esempio lo studio condotto da una gruppo assicurativo sul rischio che può interessare un impresa e sull'effetto prodotto dalle attività di controllo poste in essere dal management.

Da notare come l'attività di controllo da parte del management consenta una riduzione del rischio ma non per tutti i settori di business di impresa.

1.4 Fattori chiave del processo di risk management

Nel corso del processo di risk management, qualunque sia l'area di applicazione o il tipo di rischi che vuole essere gestito, possono essere identificati una serie di fattori chiave che fanno si che il processo sia svolto in maniera efficiente e con buoni risultati per l'impresa.

Coinvolgimento del *senior management*

Uno dei principali fattori che influenzano positivamente il processo di risk management è rappresentato dal coinvolgimento del *senior management* in tutte le fasi. L'obbiettivo che si vuole raggiungere in questo modo è che l'intero processo venga preso seriamente da tutti i livelli dell'organizzazione, la cui partecipazione attiva è fondamentale per una corretta raccolta di informazioni e per una corretta implementazione delle eventuali misure correttive per fronteggiare le situazioni di rischio.

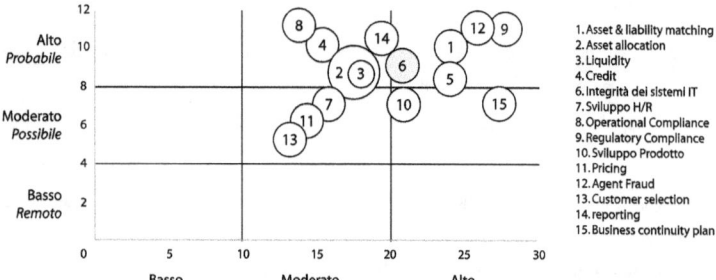

(a) Indipendentemente da qualunque azione posta in essere dal management.

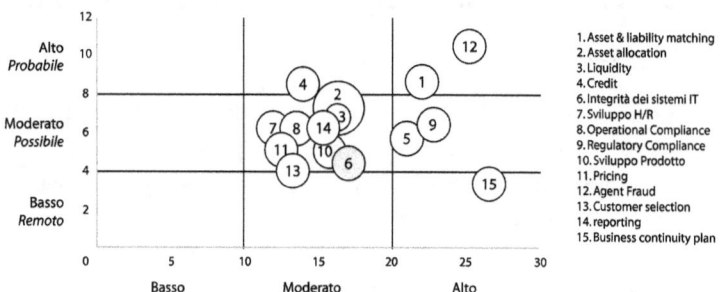

(b) Considerando le attività di controllo poste in essere dal management.

Figura 1.3: Mappatura del rischio [9].

Nomina di *focal point*

Deve essere nominato un gruppo di individui che funga da riferimento nel corso di tutto il processo di analisi (*focal point*), e che supervisioni l'operato del team di assessment. Generalmente questi fanno parte della corporate dell'impresa e supportano il team grazie alle loro conoscenze circa la generale situazione dell'impresa.

L'uso dei focal point aumenta la qualità e l'efficienza delle valutazioni svolte, e migliora la pianificazione delle misure correttive prodotte poi dal team che svolge l'analisi.

Definire delle procedure

Ogni organizzazione deve possedere una documentazione riguardante le procedure da seguire per condurre l'analisi al fine di creare dei tool che siano in grado di facilitare le successive analisi, e cercare di rendere il processo il più standardizzato possibile.

L'uso di focal point permette, inoltre, che il processo sia svolto in maniera formale, seguendo le procedure già utilizzate, evitando, così di introdurre metodi sempre diversi ogni volta che è necessario svolgere un processo di risk management.

Devono quindi essere formalizzati all'interno di un piano di risk management:

- chi sono i responsabili e le persone incaricate di svolgere l'analisi,

- chi sono gli individui che verranno coinvolti,

- quali sono le fasi e i passi che dovranno essere seguiti,

- quali sono i problemi che dovranno essere risolti,

- come deve essere redatta la documentazione che verrà prodotta nel corso delle diverse fasi,

- quale documentazione deve essere archiviata per poter poi essere utilizzate in analisi future,

- a chi deve essere presentato il risultato finale di tutto il processo svolto.

Coinvolgere i responsabili delle *business unit*

Altro fattore chiave per il successo del processo di risk management è il coinvolgimento di responsabili delle business unit coinvolte nel processo. Grazie alla propria posizione all'interno dell'organizzazione, questi sono gli unici in grado di determinare quando è necessario avviare un processo di gestione dei rischi e di giudicare se le misure selezionate per la riduzione di questi sono le più appropriate e se potranno essere effettivamente implementate.

Limitare l'analisi

Piuttosto che condurre un'analisi che coinvolga tutti i processi dell'impresa contemporaneamente, il processo di gestione dei rischi deve essere limitato ad un unico segmento per volta, in modo che l'analisi sia limitata ad una business unit per volta e che sia così il più approfondita possibile.

Documentare e mantenere i risultati

I risultati del processo di risk management vengono riportati all'interno di documenti formali che possono, poi, essere utilizzati dal management come supporto per le scelte delle strategie di impresa. Questi saranno a disposizione per essere consultati nei successivi processi di assessment e durante la fase di monitoraggio dei risultati.

Tool

Le business unit coinvolte nel processo devono utilizzare al loro interno strumenti capaci di rendere più facile l'esecuzione di un processo di gestione dei rischi, come tabelle, questionari e report (vedi Appendice A). Questi aiutano a far si che il processo sia consistente e conforme alle procedure standard che l'impresa vuole creare al suo interno.

Alcuni strumenti vengono creati all'interno dell'organizzazione, altri invece vengono acquisiti da aziende esterne che si occupano solamente di creare dei tool automatici per il risk management.

Capitolo 2

Information Security Risk Management

L'*Information Security Risk Management* è un processo il cui obbiettivo è quello di proteggere le imprese e la loro capacità di realizzare la propria mission, identificando i rischi di Information Technology (IT) e gestendoli in modo da ridurne il più possibile l'impatto per l'organizzazione.

Nel Capitolo 1 abbiamo definito come *rischio di Information Technology*: "il pericolo di interruzione di servizio, di diffusione di informazioni riservate o di perdita di dati causate da un *malfunzionamento* di un sistema IT". Il processo di Information Security Risk Management studia il caso di malfunzionamenti dovuti a problemi di sicurezza, analizzando, in maniera dettagliata le caratteristiche dei sistemi, individuando le cause che determinano le situazioni di rischio e cercando i mezzi attraverso i quali eliminare tali rischi dall'attività dell'impresa.

Analizzeremo nel dettaglio i vari processi che compongono l'Information Security Risk Management e vedremo come essi intervengono nel processo di eliminazione del rischio di IT dovuto a problemi di sicurezza: il *Risk Assessment*, il *Risk Management* e l'*Evaluation and Assessment*.

2.1   Risk assessment

Il processo di *risk assessment* è usato per determinare l'ampiezza delle potenziali minacce dei rischi associati ad un sistema IT ed identificare tutti i possibili controlli per ridurre o eliminare tali voci di rischio.

Tale processo di valutazione ha l'obbiettivo di creare un quadro generale delle situazioni in vigore nel sistema IT, permettendo di creare le basi per il passaggio alla fase successiva, vale a dire la fase di *risk mitigation*.

Definizione 2.1 (Rischio [34]). Il rischio è funzione: della probabilità che una data fonte di *minaccia* utilizzi una potenziale *vulnerabilità* e dell'*impatto* risultante da essa per l'azienda.

Definizione 2.2 (Minaccia [34]). Si dice minaccia (*threat*) la potenzialità per una fonte di minaccia di sfruttare una specifica *vulnerabilità* accidentalmente innescata o intenzionalmente scoperta.

Definizione 2.3 (Vulnerabilità [34]). Si dice vulnerabilità un punto debole o un difetto nelle procedure di sicurezza, nella struttura, nell'implementazione o nei controlli interni di un sistema, che potrebbe essere sfruttata, accidentalmente o intenzionalmente, causando una compromissione del sistema o una violazione delle *policy di sicurezza*[1].

Per determinare la probabilità che un evento dannoso minacci un certo sistema IT devono essere presi in considerazione le possibili vulnerabilità e i controlli già presenti nel sistema. In questo modo è possibile determinare l'*impatto* provocato da ogni minaccia.

Definizione 2.4 (Impatto [34]). Per impatto s'intende il livello di danno prodotto dalle minacce che sfruttano delle vulnerabilità.

Vediamo un piccolo esempio per capire e collegare tra loro le definizioni appena riportate.

---

[1]Si dicono **policy di sicurezza** l'insieme di regole di comportamento per gli usufruitori di un sistema informatico.

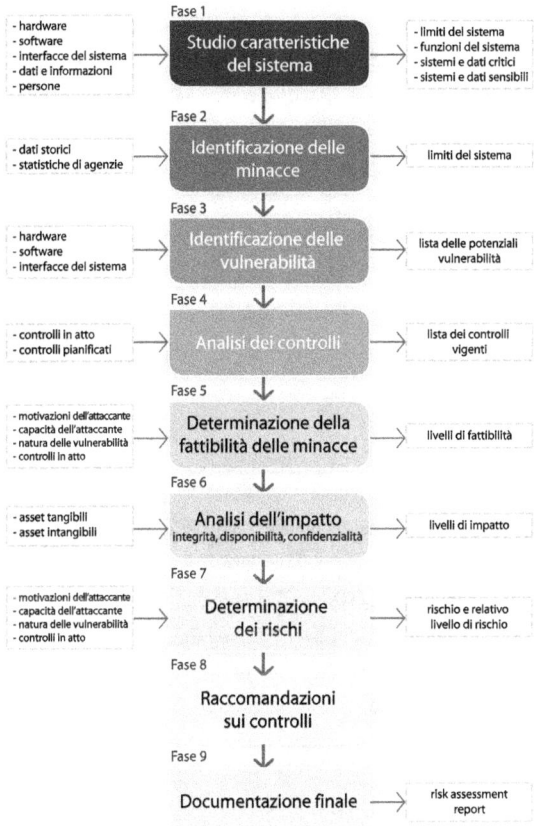

Figura 2.1: Fasi del processo di Risk Assessment [34].

Esempio 2.1. Un malintenzionato potrebbe progettare un virus (*minaccia*) per colpire il database di un'impresa. Se all'interno del sistema IT di questa non è presente (*vulnerabilità*) alcun software antivirus, questa persona potrebbe agire indisturbata e portare a termine il proprio attacco.

Se nel database colpito sono presenti delle informazioni vitali per lo svolgimento dell'attività d'impresa, l'*impatto* causato da un attacco di questo tipo sarebbe considerato "alto".

Si può affermare che il rischio associato ad una situazione del genere è da considerarsi come "molto alto", in quanto non essendo presente alcun tipo di controllo sul sistema, la probabilità che un attacco di questo tipo si verifichi è anch'essa "alta".

Il processo di risk assessment, come illustrato nella Figura 2.1, è costituito da nove fasi. Esse devono essere eseguite in modo sequenziale per studiare nel dettaglio il sistema IT di un'organizzazione:

Fase 1: Studio delle caratteristiche del sistema;

Fase 2: Identificazione delle minacce;

Fase 3: Identificazione delle vulnerabilità;

Fase 4: Analisi dei controlli presenti nel sistema;

Fase 5: Determinazione della fattibilità delle minacce;

Fase 6: Analisi dell'impatto degli eventi dannosi;

Fase 7: Determinazione dei livelli di rischio;

Fase 8: Raccomandazioni sui controlli da adottare;

Fase 9: Documentazione finale riguardante il processo svolto.

Nei paragrafi successivi analizzeremo ciascuna di esse in maniera approfondita.

2.1.1   Fase 1: Studio delle caratteristiche del sistema

Nell'effettuare un'analisi dei possibili rischi cui è soggetto il sistema IT di un'impresa è necessario possedere un'approfondita cognizione del sistema stesso. Per questo il primo passo della procedura di risk assessment prevede lo studio dettagliato delle risorse e delle informazioni che lo compongono.

Sono proprio le risorse e le informazioni a costituire il cuore del processo di assessment ed è per questo che sono identificate con l'apposito termine *asset*.

Definizione 2.5 (Asset [21]). Si dice *asset* qualsiasi risorsa, tangibile o intangibile, che possiede un valore per l'impresa e che per questo merita di essere protetta da eventuali rischi.

Gli *asset* vengono distinti in due differenti categorie [19]:

- *asset tangibili* sono tutti i componenti che costituiscono fisicamente il sistema IT e, precisamente, quelle risorse che sono a supporto della memorizzazione, del trattamento e della trasmissione delle informazioni ai diversi utenti;

- *asset intangibili* sono i software e le informazioni utilizzati dal sistema.

Il team incaricato di svolgere l'assessment deve raccogliere il maggior numero possibile di informazioni riguardanti i diversi *asset* presenti nell'impresa. Nello specifico le informazioni devono riguardare [34]:

- l'hardware;

- il software;

- le interfacce di sistema;

- i dati e le informazioni memorizzati;

- gli utenti e le persone a supporto del sistema;

- i sistemi e i *dati critici*[2];

- i sistemi e i *dati sensibili*[3].

---

[2]Si dicono *critici* quei dati, la cui perdita, potrebbe causare per l'impresa un danno grave come la perdita di vite umane, il mancato guadagno, o problemi legali [39].

[3]Si dicono *sensibili* quei dati, la cui perdita può causare danni per l'impresa come, ad esempio, problemi inerenti la tutela della privacy, e la tutela del segreto industriale [39].

Un'altra categoria di informazioni importanti che il team deve reperire riguarda l'ambiente in cui opera il sistema:

- le funzioni svolte dal sistema IT;

- le policy adottate;

- i sistemi di sicurezza;

- la struttura della rete;

- i sistemi di protezione del salvataggio dei dati (sistemi di *backup*);

- i controlli attuati e la sicurezza fisica del sistema IT e dell'ambiente in cui esso è custodito.

Il reperimento di queste informazioni avviene attraverso la consultazione della documentazione aziendale, o attraverso *questionari* e *interviste sul posto* agli appartenenti all'organizzazione che quotidianamente utilizzano il sistemi IT (alcuni esempi di tali strumenti sono riportati in Appendice A).

2.1.2   Fase 2: Identificazione delle minacce

Terminata la fase di reperimento delle informazioni riguardanti i singoli *asset*, si può passare alla fase successiva del processo di assessment: quella in cui devono essere identificate le minacce a cui può essere sottoposto il sistema.

Nel Paragrafo 2.1 abbiamo definito come *minaccia* "la potenzialità per una fonte di minaccia di sfruttare una specifica *vulnerabilità* accidentalmente innescata o intenzionalmente scoperta".

Il goal di questa fase è quello di identificare le possibili fonti di minacce che possono causare un danno per l'organizzazione e stilare un rapporto in cui inserire tutti quegli eventi dannosi che possono interessare il sistema studiato nella fase precedente.

La difficoltà di questo passaggio sta nel fatto che, al momento, non esistono dati di riferimento relativi ai possibili attacchi che un'organizzazione può subire. Le imprese che sono state vittima di un attacco alla sicurezza dei propri sistemi sono restie a divulgare informazioni relative alle modalità con cui si è svolto l'attacco e alle perdite subite, per non incentivare malintenzionati a ripetere queste azioni [28].

Per cui, nonostante tali eventi siamo comuni e frequenti in molte imprese, a prescindere dal loro settore di appartenenza, queste notizie non vengono condivise, e non esiste dunque nè una popolazione standard di minacce, né delle statistiche affidabili che riportino quali sono le caratteristiche e le peculiarità degli attacchi avvenuti, e tanto meno la frequenza con cui essi vengono sferrati.

Per ovviare parzialmente a questo problema sono disponibili on-line le liste riportanti gli incidenti più diffusi all'interno dei sistemi IT e le relative statistiche. I siti più importanti sono quelli del CERT[4], dello US-CERT[5] e del CERT Difesa[6].

All'interno del CSI/FBI Computer Crime and Security Survey [13] vengono riportati alcuni dati molto utili raccolti tra un campione di imprese americane che si occupano di sicurezza dei sistemi IT. Nella Figura 2.2 sono rappresentate le principali fonti di perdita secondo le intervistate e le minacce da cui tali perdite sono state causate.

In generale, però, le fonti di minaccia possono essere classificate in [34]:

- *naturali*: minacce dovute al possibile verificarsi di fenomeni naturali quali terremoti, alluvioni e frane;

- *umane*: minacce poste in essere da comportamenti umani sia intenzionalmente che accidentalmente (ad esempio errato utilizzo di un sistema, o attacchi deliberati di impiegati annoiati, cracker, ecc);

- *ambientali*: minacce dovute a fenomeni che si possono verificare nell'ambiente in cui sono custoditi i sistemi dell'impresa (per esempi i black-out, l'inquinamento, i prodotti chimici, perdite liquide, ecc.).

---

[4]http://www.cert.org/stats/
[5]http://www.us-cert.gov/federal/statistics/
[6]http://www.difesa.it/CaSMD/SMD/Reparti/II-reparto/CERT/

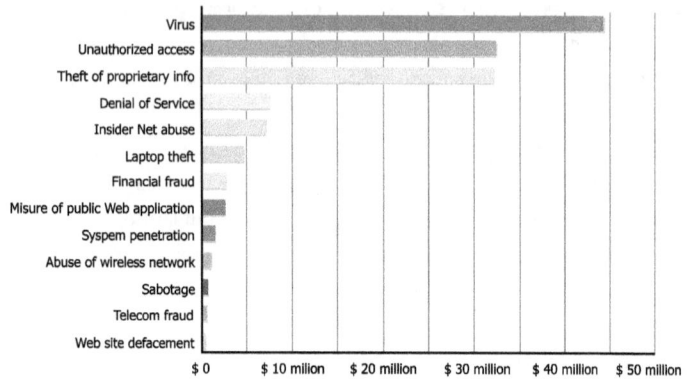

Figura 2.2: Principali fonti di perdita [13].

Spesso le minacce poste in essere da persone, sono la fonte più pericolosa e più difficile da individuare in quanto entrano in gioco numerosi fattori, quali ad esempio, le motivazioni dell'attaccante, le risorse di cui dispone e le competenze necessarie per attuare un attacco al sistema [29].

Lo studio dei rapporti sulle violazioni di sicurezza, e le interviste agli amministratori, il personale d'assistenza e gli utenti del sistema, contribuiscono al meglio ad identificare le fonti di minaccia umane che potrebbero interessare il sistema stesso ed i dati in esso memorizzati. La Tabella 2.1 è tratta dalla guida del National Institute of Standard and Technology (NIST) [34]. In essa sono riportati alcuni esempi di minacce umane che possono verificarsi all'interno di una organizzazione, delle motivazioni che possono spingere le persone ad agire e le azioni che queste potrebbero attuare.

2.1.3   Fase 3: Identificazione delle vulnerabilità

La terza fase del processo di risk assessment è quella in cui devono essere individuate le eventuali vulnerabilità del sistema.

Nel Paragrafo 2.1 abbiamo definito come *vulnerabilità* "un punto debole o

Fonte	Motivazione	Azioni attuate
Hacker, cracker	- Opportunità, - Ego, - Ribellione.	- hacking - social engineering - system intrusion - unauthorized system access
Criminale informatico	- Distruzione di informazioni, - Scoperta di informazioni riservate, - Guadagno economico, - Alterazione non autorizzata di dati.	- computer crime - fraudulent act - spoofing - system intrusion
Terroristi	- Distruzione, - Scoperta, - Vendetta.	- bomb - system attack - system penetration - system tampering
Spionaggio industriale	- Vantaggio competitivo.	- economic exploitation - information theft - intrusion on personal privacy - social engineering - system penetration - unauthorized system access
Interni	- Curiosità, - Ego, - Guadano economico, - Vendetta, - Errore non intenzionale.	- assault on an employee - blackmail - browsing on proprietary info - computer abuse - fraud and theft - input of falsified, corrupted data - interception - malicious code - sale of personal information - system bugs - system intrusion - system sabotage - unauthorized system access

Tabella 2.1: Esempi di minacce umane: fonte, motivazione e azioni attuate [34]

un difetto nelle procedure di sicurezza, nella struttura, nell'implementazione o nei controlli interni di un sistema, che potrebbe essere sfruttata, accidentalmente o intenzionalmente, causando una compromissione del sistema o una violazione delle policy di sicurezza".

Le vulnerabilità devono essere quindi individuate perchè, se venissero scoperte da soggetti pericolosi, questi potrebbero utilizzarle per esercitare la propria minaccia con maggiore frequenza o con maggiore impatto [19].

I metodi che possono essere usati per identificare le vulnerabilità sono:

- L'uso delle *fonti di vulnerabilità*, come ad esempio le pagine web dei fornitori di sistemi software e hardware, o i *technical security alert* riportati su siti specializzati come quelli dello US-CERT[7].

- Le documentazioni relative alle precedenti analisi di risk assessment svolte nella stessa impresa.

- I database sulle vulnerabilità disponibili on-line sui siti internet, come quello del National Institute of Standard and Technology[8] o del US-CERT[9].

- L'esecuzione di *test di sicurezza del sistema* attraverso *scanning tool* automatici o test di penetrazione (*penetration test*) con team specializzati al fine di testare l'efficacia dei controlli presenti nel sistema.
Gli *scanning tool* sono dei sistemi automatici che vengono utilizzati dagli amministratori di una rete per identificare e fermare una scansione non autorizzata. Tali sistemi permettono di verificare se un sistema è vulnerabile e forniscono i dati circa il livello di protezione di una macchina o una rete. Sono esempi di scanning tool: *Nessus, NMap* e *Snort* [20].
I *penetration test*, invece, sono utilizzati per valutare la resistenza di un sistema ad un attacco. Questi test servono a fornire informazioni

---

[7]http://www.us-cert.gov/cas/techalerts/index.html
[8]http://nvd.nist.gov
[9]http://www.kb.cert.org/vuls

su come un sistema reagisce ad una attacco, se il sistema può essere
violato e quali informazioni possono essere acquisite da esso [20]. I tipi
di test si distinguono in:

- *Full knowledge test*: il team incaricato di effettuare il test possiede
  il maggior numero di informazioni possibile sul sistema su cui
  sta effettuando le proprie analisi, in modo da simulare quegli attacchi che possono essere portati a termine da impiegati interni
  all'organizzazione.

- *Partial knowledge test*: il team incaricato di effettuare il test
  possiede una conoscenza parziale del sistema relativa solo a un
  solo tipo di attacco, in modo da raccogliere informazioni solo su
  uno specifico tipo di vulnerabilità.

- *Zero knowledge test*: il team non possiede alcuna informazione
  sul sistema e conduce il test raccogliendo informazioni di propria
  iniziativa.

• Lo sviluppo di *liste di controllo dei requisiti di sicurezza*, ovvero di liste
  contenenti gli standard interni di sicurezza che devono essere utilizzati
  all'interno dell'organizzazione per valutare ed identificare in maniera
  sistematica le vulnerabilità sui singoli *asset* dell'impresa (personale,
  hardware, software e informazioni) le procedure non automatizzate, i
  processi ed i passaggi di informazioni tra le varie aree.

Alla fine di tale processo di analisi il team di assessment deve realizzare
un prospetto riassuntivo all'interno del quale vengono elencate le vulnerabilità riscontrate e che potrebbero essere sfruttate dalle fonti di minaccia
individuate precedentemente nella fase 2.

2.1.4   Fase 4: Analisi dei controlli

Studiate le caratteristiche del sistema IT, individuate le minacce e le
vulnerabilità si passa alla quarta fase. Essa consiste nell'analisi dei controlli

che sono effettivamente attivi o di cui è stata pianificata l'implementazione, al fine di minimizzare o eliminare la probabilità che, eventuali attacchi, possano compiersi. Vengono così studiate le *contromisure*:

Definizione 2.6 (Contromisure [18]). Si dicono contromisure (*counter-measures*) quelle misure di protezione e quei controlli che riducono il livello di vulnerabilità di una risorsa rispetto ad una minaccia.

I controlli implementati in un sistema possono distinguersi in:

- *controlli tecnici*: meccanismi inseriti direttamente nell'hardware, nel software o nei firmware dei vari componenti (ad esempio controllo degli accessi, meccanismi di identificazione ed autenticazione, metodi di crittografia e software di intrusion detection);

- *controlli non tecnici*: contromisure riguardanti le politiche di sicurezza adottate, le procedure operative, e la sicurezza del personale dell'ambiente e del sistema stesso.

Per ogni tipo di contromisura individuata devono essere esaminati i benefici derivanti dalla sua adozione, e soprattutto quale sarà il costo da sostenere per l'acquisto di ognuna. L'output di questa fase è una lista dei controlli effettivamente adottati o in fase d'adozione nell'impresa.

In queste prime quattro fasi del processo di risk management vengono quindi raccolte tutte le informazioni che permettono la creazione di un quadro generale del sistema IT e della situazione in cui esso si trova ad operare. Come illustrato in Figura 2.3 di seguito riportata vengono individuate le *minacce* che possono interessare il sistema, le *vulnerabilità* che queste potrebbero sfruttare e gli *asset* che vengono colpiti. Viene poi stimato l'*impatto* che prodotto sui diversi *asset* e le *contromisure* che potrebbe essere adottare per diminuire tale impatto [12].

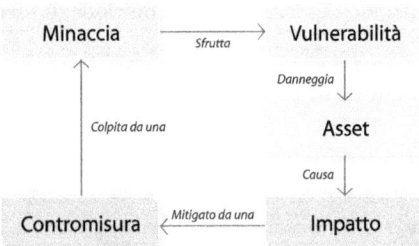

Figura 2.3: Minacce, vulnerabilità e asset: relazione [12].

2.1.5 Fase 5: Determinazione della fattibilità delle minacce

In questa fase deve essere effettuata una stima di quanto fattibile sia un attacco al sistema, ovvero il verificarsi di un evento dannoso che potrebbe comportare dei danni all'organizzazione.

Questo processo risulta essere piuttosto difficoltoso, in quanto numerosi sono i fattori che incidono su ogni possibile attacco. Bisogna analizzare tutte le informazioni raccolte nelle precedenti fasi di assessment e inerenti:

- le diverse fonti di minaccia;

- gli individui che possono attaccare il sistema, le loro motivazioni e le loro capacità;

- le vulnerabilità che potrebbero essere sfruttate durante un attacco;

- gli attacchi di cui l'impresa è già stata vittima, e qual è la frequenza con cui questi sono stati messi in atto;

- le contromisure effettivamente adottate nel sistema e la loro efficacia.

La fattibilità dell'attacco viene poi espressa attraverso dei valori: *alta, media* e *bassa* come riportato di seguito nella Tabella 2.2.

Definizione del livello di fattibilità degli attacchi	
Alta	La fonte di minaccia è fortemente motivata e capace di effettuare l'attacco. I controlli usati per prevenire che la vulnerabilità sia sfruttata sono inefficaci.
Media	La fonte di minaccia è motivata e capace di effettuare l'attacco, ma i controlli usati impediscono che la vulnerabilità sia sfruttata.
Bassa	La fonte di minaccia non è motivata o capace di effettuare l'attacco o i controlli usati sono in grado impedire che la vulnerabilità sia sfruttata.

Tabella 2.2: Definizione del livello di fattibilità di un attacco [34].

2.1.6   Fase 6: Analisi dell'impatto

Si arriva dunque alla fase più importante dell'intero processo di risk assessment in cui viene misurato l'*impatto* risultante dal manifestarsi di una delle minacce studiate nelle fasi precedenti.

Per poter procedere con questa indagine devono però essere a disposizione del team che effettua l'analisi, le informazioni riguardanti i processi che utilizzano i sistemi IT, i sistemi e i dati considerati critici per l'organizzazione e quelli, invece, considerati sensibili.

Il livello d'impatto può essere misurato solamente intervistando coloro che utilizzano direttamente gli *asset* e le informazioni in essi custoditi e che, in qualità di diretti usufruitori, sono in grado di valutare le eventuali perdite, non solo in termini di danno fisico associato ai vari componenti del sistema, ma anche in termini di perdita di *integrità*, *disponibilità* e *confidenzialità*.

Definizione 2.7 (Integrità). L'*integrità* assicura che le informazioni presenti in un sistema non siano alterabili da persone non autorizzate.

Per esempio l'integrità di un sistema è violata se vengono effettuate delle modifiche non autorizzate ai dati o al sistema stesso sia in maniera volontaria che accidentale.

Definizione 2.8 (Disponibilità). La *disponibilità* assicura che un sistema sia operativo e funzionante in ogni momento.

Definizione 2.9 (Confidenzialità). La *confidenzialità* assicura che le informazioni presenti in un sistema non siano accessibili ad utenti non autorizzati.

Ne risulta che, calcolare l'impatto delle fonti di minacce sulle *risorse tangibili* dell'impresa non è un'operazione molto complessa in quanto basta quantificare il mancato guadagno derivante dal loro inutilizzo o le spese di riparazione o sostituzione del bene stesso.

Invece, per quanto riguarda le *risorse intangibili* la valutazione è più complessa in quanto, quantificare la perdita di confidenzialità, integrità e disponibilità di un *asset* non può essere facilmente misurata con delle specifiche unità di misura, e per questo è misurata attraverso dei valori del tipo *alto*, *medio* o *basso* così come illustrato nella Tabella 2.3.

Del problema relativo alla quantificazione dei fenomeni studiati nel risk management parleremo in maniera più dettagliata nel Capitolo 3, in cui discuteremo della differenza tra approcci di tipo quantitativo e approcci di tipo qualitativo.

Definizione di livelli d'impatto	
Alto	Lo sfruttamento di una vulnerabilità: può provocare la perdita altamente costosa della maggior parte degli *asset* aziendali; può gravemente violare, danneggiare, impedire l'attività, intaccare la reputazione o ledere gli interessi dell'azienda; può provocare danni alle persone.
Medio	Lo sfruttamento di una vulnerabilità: può provocare la perdita di *asset* aziendali; può violare, danneggiare, impedire l'attività; intaccare la reputazione o ledere gli interessi dell'azienda.
Basso	Lo sfruttamento di una vulnerabilità: può provocare la perdita di alcuni *asset* aziendali; può danneggiare, impedire l'attività o intaccare la reputazione dell'azienda.

Tabella 2.3: Definizione di livelli d'impatto [34].

2.1.7   Fase 7: Determinazione dei rischi

Arrivati a questo punto del processo è necessario determinare il livello di rischio effettivo presente all'interno dell'organizzazione, tenendo conto di:

- la probabilità che una determinata fonte di minaccia tenti di sfruttare una certa vulnerabilità,

- l'impatto che tale minaccia avrebbe sul sistema,

- la validità dei controlli di sicurezza implementati o che devono ancora essere adottati per ridurre o per eliminare il rischio.

Per effettuare queste misurazioni si utilizza generalmente una scala di rischio (*risk scale*, come quella riportata nella Tabella 2.4) o si possono usare altri strumenti tipici di questi processi come le matrici di rischio (vedi Capitolo 3).

Livelli di rishio e azioni necessarie	
Alto	Se la valutazione del sistema ha dato come risultato finale un rishio *alto* è necessario adottare delle forti misure correttive; il sistema può continuare a funzionare, ma è necessario un piano d'azione correttivo nel più breve tempo possibile.
Medio	Se la valutazione del sistema ha dato come risultato finale un rishio *medio* è necessario sviluppare un piano correttivo da attuare in tempi ragionevoli.
Basso	Se la valutazione del sistema ha dato come risultato finale un rishio *basso* è necessario decidere se le azioni correttive in atto sono ancora necessarie o se l'azienda è disposta ad accettare il livello d rischio.

Tabella 2.4: Livelli di rischio e azioni necessarie [34].

2.1.8   Fase 8: Raccomandazioni sui controlli

Nell'ottava fase del processo di risk assessment è prevista l'identificazione di tutti i controlli necessari affichè sia possibile portare il rischio ad un livello accettabile per l'impresa.

Per quante possano essere le contromisure adottate all'interno di un'organizzazione, non è mai possibile raggiungere un livello di rischio pari a zero [18, 20], quello che si può fare, invece, è cercare di minimizzare i rischi attraverso l'adozione di una serie di meccanismi di controllo.

In questa fase del processo di assessment viene quindi prodotta una lista contenente quei controlli che sono stati considerati come i più appropriati e le possibili alternative, sempre sulla base di tutte le analisi svolte nelle fasi precedenti. Questo sarà l'output finale dell'intero processo di risk assessment e sarà la base su cui avrà inizio il processo di risk mitigation: non tutti i controlli raccomandati, infatti, saranno poi effettivamente implementati. Come vedremo più avanti nella Sezione 2.2.3, sarà necessaria una valutazione più dettagliata che tenga conto del rapporto costi/benefici associato all'adozione di ognuno di essi.

2.1.9   Fase 9: Documentazione finale

Il passo finale dell'analisi consiste nella produzione di un report ufficiale che aiuti il management dell'impresa a prendere decisioni circa le modifiche da effettuare al sistema. Il report deve essere di facile lettura anche per coloro che non possiedono le competenze tecniche necessarie per comprendere a fondo le conclusioni tratte dal team di assessment, ma che, allo stesso tempo, mostri i risultati ottenuti in maniera professionale e dettagliata.

Generalmente il report finale [17] deve contenere:

- una sezione introduttiva in cui sono illustrati gli scopi del progetto/processo che è stato analizzato;

- una sezione in cui vengono descritte le condizioni in cui è stata svolta l'analisi, gli eventuali impedimenti che si sono verificati, i metodi e i criteri adottati;

- una sezione in cui saranno indicate, in maniera dettagliata, le fonti di minacce e vulnerabilità riscontrate dal team, l'analisi dei controlli e le stime effettuate;

- la parte conclusiva della relazione deve contenere il giudizio finale di chi ha svolto l'analisi. In essa saranno indicati quali sono i controlli più adeguati per mitigare i rischi rilevati e quali sono le modifiche che dovrebbero essere apportate al sistema.

2.2   Risk mitigation

Il secondo processo all'interno dell'Information Security Risk Management è il processo di *risk mitigation*. Questo ha lo scopo di dare priorità, valutare e implementare i controlli raccomandati nel corso del processo di risk assessment e fornire il supporto necessario al management nella pianificazione, nel budget e nell'esecuzione dei controlli prescelti.

Poiché risulta impossibile eliminare tutti i rischi relativi ad un sistema IT, è compito del management dell'impresa, nella fase decisionale, dover selezionare, tra i controlli possibili, quelli che riescono a diminuire il rischio con il minor impatto sulla mission d'impresa.

Il management ha la possibilità di scegliere tra i diversi metodi raccomandati dal team di assessment per mitigare i rischi rilevati all'interno del sistema IT. L'obbiettivo finale è scegliere la combinazione adatta di politiche che permettano di eliminare i rischi individuati.

Di seguito sono riportati alcuni esempi di possibile strategie [20, 34] che il management potrebbe scegliere di attuare per ridurre i rischi:

1. *Assunzione del rischio*: possono essere accettati i potenziali rischi per il sistema e l'organizzazione può continuare ad operare o può decidere

di investire solo in quei controlli che abbassino il livello di rischio ad un livello accettabile.

2. *Eliminazione del rischio*: si può cercare di eliminare i rischi eliminando le cause da cui essi sono scaturiti (ad esempio eliminando alcune funzioni del sistema o arrestarlo nel caso in cui sia in atto un attacco).

3. *Limitazione del rischio*: cercare di limitare i rischi implementando dei controlli che minimizzino l'impatto di una minaccia.

4. *Pianificazione del rischio*: creare un piano per prioritizzare, implementare e mantenere i controlli.

5. *Ricerca e comprensione*: studiare e comprendere al meglio le vulnerabilità o le mancanze presenti nel sistema in modo da cercare i controlli migliori per correggerle.

6. *Trasferimento del rischio*: cercare di spostare il rischio derivante dall'uso del sistema e le eventuali perdite su altri soggetti attraverso la stipulazione di polizze assicurative.

Il management deve quindi scegliere quale di questi metodologie attuare, e pianificarne la tempistica con la quale metterla in atto.

Per meglio comprendere tutto ciò, di seguito, nella Figura 2.4, viene riportato un esempio circa la strategia che potrebbe essere adottata per fronteggiare una minaccia umana.

Esempio 2.2. Si parte dalla struttura del sistema di cui abbiamo raccolto tutte le informazioni possibili durante la prima fase del processo di assessment.

Sulla base di questi dati sono state considerate le vulnerabilità del sistema. Nel caso in cui queste non sono state riscontrate, il sistema non è a rischio pertanto non è necessario investire in alcuna nuova contromisura. Se, invece, si sono riscontrate delle vulnerabilità è necessario porsi una domanda:

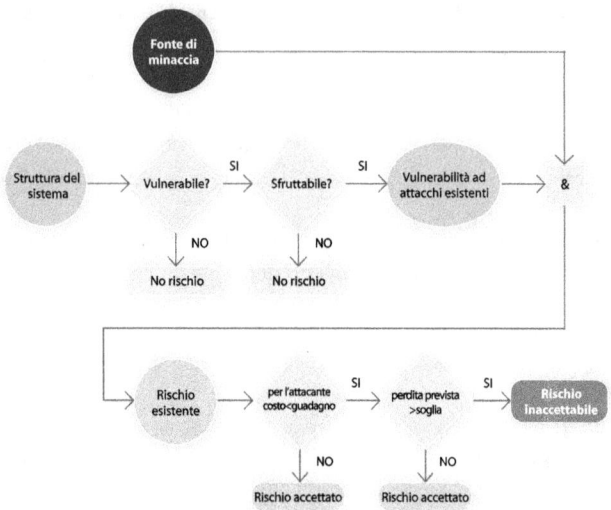

Figura 2.4: Esempio di strategia di Risk Mitigation [34].

"le debolezze riscontrate nel sistema sono sfruttabili da individui malintenzionati?"

In caso di risposta negativa la vulnerabilità non può essere sfruttata in alcun
modo per cui non esiste alcun rischio per il sistema.

Se invece, la risposta alla domanda è affermativa, allora ci troviamo di fronte
al caso in cui tale vulnerabilità può essere sfruttata da individui malintenzionati.

Dunque esiste la reale possibilità che il sistema sia suscettibile di attacco.
Preso atto dell'esistenza del rischio si deve valutare se questo possa essere
considerato accettabile o meno per l'organizzazione.

A questo punto è necessario valutare il comportamento adottato dal possibile
attaccante: bisogna infatti capire se egli possa trarre guadagno dalla propria
azione tenendo conto dei costi che necessariamente dovrebbe sostenere.

Nel caso in cui queste azioni risultassero per lui eccessivamente onerose il rischio, anche se presente, può essere comunque accettato dall'impresa.

Nel caso contrario, qualora l'attaccante ottenesse un elevato guadagno e i danni causati dalla sua azione supererebbero una certa soglia, allora l'impresa deve riconoscere il rischio come inaccettabile e di conseguenza attuare tutte le contromisure necessarie.

La regola generale da seguire per una corretta implementazione dei controlli è la seguente: *una volta individuati quali sono i maggiori rischi per l'impresa bisogna sforzarsi di trovare i controlli che, con il minor costo possibile, riescono a produrre il minor impatto sul sistema.*

Anche il processo di risk mitigation, come illustrato nella Figura 2.5, è costituito da una serie di fasi che devono essere eseguite in sequenza:

Fase 1: Prioritizzazzione delle azioni;

Fase 2: Valutazione dei controlli raccomandati;

Fase 3: Analisi costi/benefici;

Fase 4: Selezione dei controlli;

Fase 5: Assegnazione delle responsabilità;

Fase 6: Sviluppo di un piano di salvaguardia;

Fase 7: Implementazione dei controlli selezionati.

Nei paragrafi successivi analizzeremo ogni fase e spiegheremo il compito svolto da ognuna di esse.

2.2.1   Fase 1: Prioritizzazzione delle azioni

Il primo passo per la risk mitigation è quello della prioritizzazzione delle azioni da mettere in atto. Sulla base dei livelli di rischio determinati durante il processo di assessment, devono essere individuate le situazioni considerate a maggior rischio e su di esse devono essere convogliate le risorse disponibili per investimenti in controlli.

In questa prima fase viene stilata una sorta di classifica delle situazioni a rischio ordinate dalla più grave alla meno grave. In questo modo viene

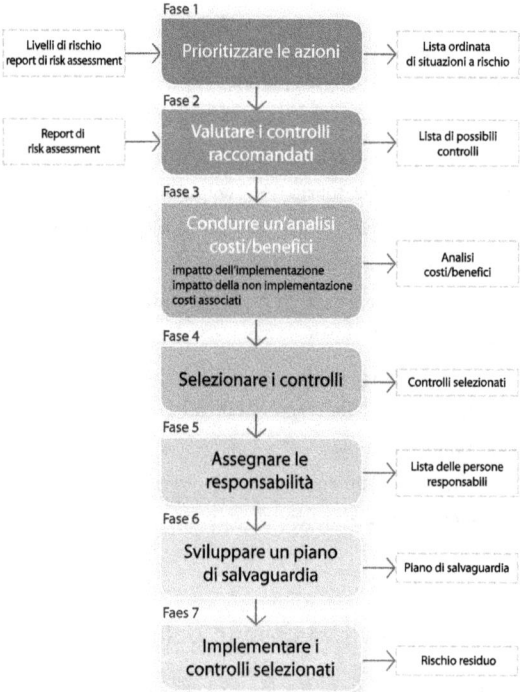

Figura 2.5: Fasi del processo di Risk Mitigation [34].

assegnato, per ognuna di esse, un livello di priorità con cui devono essere adottati gli opportuni controlli.

2.2.2 Fase 2: Valutazione dei controlli raccomandati

Il secondo passo del processo prevede una valutazione dei controlli raccomandati dal team di assessment. Per ognuno di essi devono essere analizzati: il grado di protezione offerto al sistema e il livello di rischio che riescono a mitigare.

In questo modo vengono selezionati soltanto quelle contromisure considerate più appropriate per il sistema IT dell'impresa e che garantiscono una maggiore efficacia.

2.2.3 Fase 3: Analisi costi/benefici

All'interno della terza fase vengono selezionati quei controlli che forniscono il miglior rapporto costi/benefici. L'obbiettivo che si vuole raggiungere è quello di dimostrare come il costo che deve essere sostenuto per l'acquisto di un certo meccanismo di controllo sia giustificato da un'effettiva riduzione del livello di rischio [24].

Durante questa valutazione non bisogna dimenticare che:

- deve essere determinato l'impatto che avrà sul sistema l'adozione di nuovi controlli;

- devono essere stimati i costi che saranno sostenuti per implementarli;

- deve essere valutato il costo che si dovrà sostenere per assumere personale aggiuntivo per attuare le nuove policy, le procedure o servizi proposti;

- deve essere considerato il costo da sostenere per l'addestramento al personale all'uso delle nuove contromisure.

La regola che viene seguita per la scelta dei controlli da adottare è la seguente:

1. se la contromisura selezionata riduce i rischi più del necessario, allora viene cercata un'alternativa meno costosa;

2. se la contromisura ha un costo superiore alla perdita cui dovrebbe porre rimedio, allora viene cercata una misura alternativa;

3. se la contromisura non riduce in maniera adeguata i rischi, allora vengono cercati controlli aggiuntivi o differenti;

4. se la contromisura fornisce la riduzione del rischio desiderata e presenta un costo accettabile, allora questa sarà adottata.

2.2.4 Fase 4: Selezione dei controlli

A questo punto, sulla base dell'analisi costi/benefici, il management seleziona i controlli che saranno adottati nel sistema e che sono stati giudicati come i più appropriati per garantire la sicurezza del sistema IT e dell'organizzazione stessa.

La Figura 2.6 riporta i dati raccolti dal *Computer Security Institute* (CSI) nel 2005 riguardanti le contromisure più diffuse tra le imprese americane [13].

2.2.5 Fase 5: Assegnazione delle responsabilità

Nella quinta fase del processo di mitigation, dopo che sono stati valutati e selezionati i nuovi controlli che necessita il sistema IT, viene scelto il personale che dovrà gestire e rendere operativi tali controlli.

La scelta del management può ricadere sia sul personale interno all'organizzazione, ma anche su consulenti esterni. Di fondamentale importanza è il fatto che le persone incaricate di questo compito possiedano le competenze e le conoscenze necessarie ad una corretta ed efficace implementazione dei controlli.

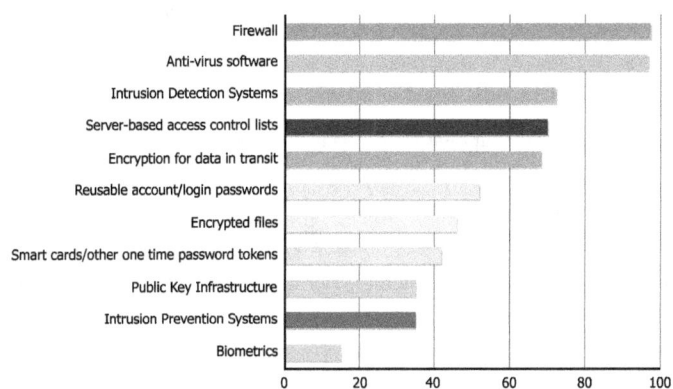

Figura 2.6: Contromisure più diffuse all'interno dei sistemi IT [13].

2.2.6   Fase 6: Sviluppo di un piano di salvaguardia

A questo punto viene redatto un piano di salvaguardia in cui sono formalizzati i risultati ottenuti nelle analisi svolte durante il processo di mitigation e le conclusioni che sono state tratte.

Il piano conterrà quindi [34]:

- le minacce e le vulnerabilità individuate e i livelli di rischio ad essi associati (tratti dal report finale della fase di assessment);

- i controlli raccomandati (anche questi tratti dal report finale del processo di assessment);

- la priorità associata ad ogni azione;

- i controlli selezionati sulla base della loro flessibilità, efficacia e costo;

- le risorse economiche necessarie per implementare i controlli selezionati;

- la lista del personale designato come responsabile per l'implementazione dei controlli;

- la data fissata per l'inizio della messa in funzione delle contromisure.

2.2.7   Fase 7: Implementazione dei controlli selezionati

Il processo di risk mitigation si conclude con l'effettiva implementazione dei controlli.

Una volta che questi sono stati messi in atto, il management deve sovraintendere alla riduzione dei rischi: bisogna verificare se c'è stata una diminuzione della probabilità che una minaccia venga esercitata e se l'impatto di questa è stato ridotto.

Il livello di rischio che permane nonostante l'implementazione dei nuovi controlli stabiliti durante il processo di mitigation prende il nome di *rischio residuo*.

Definizione 2.10 (Rischio residuo [34]). Si dice rischio residuo il rischio cui sono soggetti gli *asset* aziendali nonostante l'adozione degli opportuni controlli e contromisure.

Come abbiamo detto precedentemente, nonostante l'adozione di controlli e contromisure, non è mai possibile raggiungere all'interno di un sistema un livello di rischio pari a zero, in quanto ogni meccanismo di controllo possiede al suo interno una, seppur minima, vulnerabilità [18].

Se il livello di rischio residuo calcolato in questa fase risultasse essere eccessivamente elevato, l'intero processo di risk mitigation dovrebbe essere ripetuto fino al raggiungimento di un livello considerato accettabile per l'organizzazione.

2.3   Risk evaluation and assessment

All'interno di grandi imprese i sistemi IT subiscono frequenti modifiche dovuti ad aggiornamenti, cambiamento dei componenti, modifica dei software, cambio del personale, ecc.

Per questo motivo le condizioni del sistema su cui è sono stati svolti i processi di risk assessment e mitigation mutano radicalmente modificando anche gli effetti dei controlli e delle contromisure adottati.

È buona regola, quindi, attuare periodicamente un processo di valutazione e gestione del rischio che permetta di adattare le necessarie modifiche alle contromisure inserite nel sistema al fine di mantenere il livello di rischio residuo il più basso possibile.

Capitolo 3

Metodologie di Risk Management

La prima volta che un'impresa avvia un processo di risk management cerca di sviluppare una procedura formale per lo svolgimento delle diverse analisi. Il fine è quello di poter arrivare ad avere una strumento di tipo standardizzato e facilmente riutilizzabile nel corso dei futuri processi di gestione dei rischi.

Naturalmente nel corso di questo processo iniziale i metodi di analisi e gli strumenti da utilizzare vanno il più possibile adattati alle esigenze e alla struttura dell'organizzazione sottoposta al risk management.

Come illustrato in [11] vengono creati strumenti *ad hoc* quali tabelle, questionari, report e software che siano impiegabili sia in una fase di controllo e monitoraggio dei risultati ottenuti, sia in successivi processi di analisi dei rischi.

In generale gli approcci usati per il processo di valutazione dei rischi possono essere classificati in tre tipologie: *quantitativo*, *qualitativo* ed *ibrido*, queste si differenziano tra loro a seconda del tipo di "misura" utilizzata per le valutazioni.

Vedremo ora in dettaglio ognuna di queste e cercheremo di analizzare le loro peculiarità le loro differenze.

3.1   Approccio qualitativo

L'approccio *qualitativo* è un metodo di analisi semplice e flessibile che viene utilizzato nella maggior parte dei processi di risk management.

Questo approccio viene utilizzato poichè comprensibile e di facile applicazione anche per tutti coloro che non sono tecnici specializzati nella gestione di un sistema IT [17] e che quindi non hanno una conoscenza approfondita dei problemi riguardanti la sicurezza.

L'approccio qualitativo non fa uso di valutazioni monetarie degli asset e non necessita di quantificare la frequenza con cui si verificano degli attacchi al sistema [17], vale a dire che non si verifica il problema di dover utilizzare delle misure oggettive e indipendenti per le valutazioni [19, 28].

La valutazione del rischio associato agli *asset* viene, infatti, effettuata in maniera soggettiva e sulla base di interviste a coloro che lavorano direttamente con ogni risorsa.

Queste persone sono chiamate a fornire un proprio parere su gli asset, le minacce, il livello di rischio e tutte le altre grandezze che il team di assessment deve analizzare. Il giudizio su ognuna di esse viene espresso utilizzando delle scale del tipo *basso-medio-alto* [19], oppure attraverso dei valori compresi nell'intervallo $1, \ldots, 5$.

Una volta raccolte le informazioni necessarie il team di assessment utilizza degli strumenti per trarre le proprie conclusioni sulla situazione del sistema. Uno degli strumenti più comuni è la matrice di rischio (*risk matrix*) [19, 34]. Questa permette di individuare le situazioni di rischio relative ad un certo *asset* e riesce a determinare se è necessario intervenire o meno a mitigare il rischio individuato.

Di seguito riportiamo due diversi esempi di matrice di rischio:

Esempio 3.1. Nella Figura 3.1 viene riportata una matrice in cui sono messi in relazione il valore associato ad ogni singolo asset, misurato attraverso la classificazione *basso-medio-alto* e il rischio ad esso associato, anch'esso rappresentato attraverso la scala *basso-medio-alto*.

rischio \ valore	Basso	Medio	Alto
Basso	*accettabile*	*accettabile*	*da fronteggiare*
Medio	*accettabile*	*da fronteggiare*	*da fronteggiare al più presto*
Alto	*da fronteggiare*	*da fronteggiare al più presto*	*da fronteggiare al più presto*

Figura 3.1: Matrice di rischio [19].

Attraverso questo strumento si possono evidenziare tre differenti situazioni:

- la prima è data dall'intersezione tra il valore dell'asset (basso). In questo caso otterremo un livello generale di rischio accettabile per l'impresa (in Figura viene rappresentato attraverso il colore *giallo*).

- la seconda, evidenziata in figura con il colore *arancio*, identifica quelle situazioni il cui livello di rischio è considerato da fronteggiare;

- la terza, rappresentata in figura con il colore *rosso*, individua una situazione ad alto rischio, che deve essere fronteggiata al più presto possibile. Questa si verifica nel caso in cui gli *asset* analizzati abbiano un alto valore e un alto livello di rischio.

Esempio 3.2. Un altro tipo di matrice di rischio è quella proposta dal NIST [34], e riportata di seguito nella Figura 3.2.

Questa matrice mette in relazione tra loro due grandezze diverse: la *fattibilità* di una minaccia e l'*impatto* da essa prodotto.

La particolarità di questa matrice sta nel fatto che vengono creati degli intervalli per esprimere i diversi livelli di probabilità ed impatto.

I livelli sono scelti in maniera soggettiva, quella rappresentata di seguito è un

impatto fattibilità	Basso (10)	Medio (50)	Alto (100)
Bassa (1.0)	Basso (10x1.0=10)	Medio (50x1.0=50)	Alto (100x1.0=100)
Media (0.5)	Basso (10x0.5=5)	Medio (50x0.5=25)	Medio (100x0.5=50)
Alta (0.1)	Basso (10x0.1=1)	Basso (50x0.1=5)	Basso (100x0.1=10)

Figura 3.2: Matrice di rischio [34].

esempio di matrice 3×3, ma spesso è necessario rappresentare più situazioni e quindi si fa ricorso a matrice del tipo 4×4 o addirittura 5×5 in cui si utilizzano valori aggiuntivi come *molto alto*, *molto basso*, ecc. In questo esempio il rischio viene considerato: *Alto* quando è compreso nell'intervallo $(50, 100)$, *Medio* quando compreso in $(10, 50)$ e *Basso* quando compreso in $(0, 10)$; la probabilità viene considerata: *Alta* quando è pari a 1, *Media* quando è pari a 0.5 e *Bassa* quando è pari a 0.1.

Sulla base delle informazioni ricavate attraverso questi strumenti quelli che si vengono a delineare sono dei possibili *scenari d'attacco*: delle situazioni tipo che si potrebbero verificare all'interno di un sistema IT [21, 31, 32]. Esempi di scenari d'attacco possono essere: "attacco alla riservatezza dei dati in transito su una rete LAN attraverso lo *sniffing* di pacchetti", oppure "attacco di DoS attraverso l'intasamento della rete Intranet".

Una volta individuate le situazioni d'attacco e i rischi associati, è possibile stabilire le contromisure che dovrebbero essere impiegate nel sistema con l'obbiettivo di diminuire il livello di rischio determinato per ognuno di essi. Degli scenari d'attacco parleremo in maniere più dettagliata nel Capitolo 4, in cui studieremo una tecnica per la creazioni di tali scenari.

Come si e detto finora alla base di un approccio qualitativo si pone l'indagine effettuata all'interno dell'impresa tra coloro che in qualche modo hanno a che fare con il sistema IT dell'organizzazione. Le metodologie applicate a tali attività possono essere differenti. Di seguito riportiamo le più significative [12]:

- *Metodo Delphi*: tecnica che prevede la collaborazione di un gruppo di persone che sono chiamate ad esprimere, in maniera anonima e individuale, un proprio giudizio circa l'impatto che una minaccia potrà avere su un certo *asset*. Questo è un metodo di tipo iterativo, in quanto i vari componenti del gruppo dopo una prima fase, prendono visione dei giudizi espressi dagli altri, al fine di convergere ad un unico risultato finale.

- *Brainstorming*: un gruppo di persone viene chiamato a dare un proprio parere circa le possibili minacce che possono impattare sul sistema IT. Ogni idea viene messa per iscritto, senza essere influenza da quella degli altri in modo da individuare il maggior numero possibile di scenari.

- *Story Boarding*: un leader del gruppo costruisce uno scenario d'attacco base e tutti i partecipanti sono chiamati a cercare di ampliare tale scenario evidenziando il maggior numero di rischi possibile.

- *Interviste ad esperti*: vengono effettuate delle interviste ad esperti, sia all'interno dell'impresa che all'esterno. I risultati di tali interviste vengono poi raggruppati e vengono selezionati quelli comuni.

- *Tecnica di Nominal Group*: ogni membro di un gruppo annota quali possono essere, per lui, le minacce più rilevanti ad un sistema. A turno vengono lette tutte le voci sulla lista e di ognuno cerca di modificare il contenuto della propria in linea con quella degli altri.

- *Affinity diagram*: anche con questo metodo il leader di un piccolo gruppo di persone scrive su un foglio un tipo di rischio. Gli altri membri del gruppo cominciano ad aggiungere gli effetti e le conseguenze di tale minaccia. Il risultato finale sarà uno schema relazionale che espone per ogni *asset* i rischi che vi possono essere associati, le cause e gli effetti che potrebbero produrre.

In definitiva si può affermare che l'approccio qualitativo è la metodologia più diffusa per lo svolgimento dei processi di risk management in quanto non utilizza alcun dato numerico per valutare il costo di una risorsa o il costo di una sua eventuale perdita. Non utilizza un'analisi costi/benefici per valutare la validità dell'acquisto di controlli, policy e procedure per mitigare il rischio. L'inconveniente di questa procedura è che non usando delle misure quantificabili, le valutazioni sono considerate spesso dal management troppo imprecise e soggettive in quanto basate su opinioni e punti di vista degli intervistati.

Esaminiamo ora un piccolo esempio pratico sul risultato prodotto da una analisi condotta attraverso un approccio qualitativo.

Esempio 3.3 (Esempio di analisi qualitativa [12]). Nella Tabella 3.1 di seguito riportata sono illustrate delle valutazioni effettuate attraverso un'analisi qualitativa.

Dopo una sessione di brainstorming è stata creata una lista delle possibili minacce che possono interessare il sistema IT. Ad un gruppo viene chiesto si analizzare i rischi associati ad un virus che agisca su un server.

Ad ognuno dei componenti del gruppo intervistato viene chiesto di assegnare ad ognuna delle voci individuate un valore che va da uno a cinque, dove 1 rappresenta uno situazione *senza rischi* e 5 rappresenta una situazione di *rischio estremo*.

Viene inoltre chiesto loro di assegnare un valore da uno a cinque alle contromisure individuate per mitigare tali rischi. Dove 1 indica un controllo *non efficace*, e 5 indica un controllo *altamente efficace*.

Il risultato di questa analisi ottenuto facendo la media dei valori assegnati dagli utenti, è che il virus viene considerato come un ragionevole rischio (nella Tabella 3.1: Minaccia=3.8) e un software antivirus viene considerata

Membro del gruppo	Minaccia	Probabilità	Perdita	Efficacia		
				Firewall	IDS	Antivirus
Venditore	4	5	4	3	3	4
Dipendente	4	5	3	5	2	5
HR	5	2	4	4	3	5
C/O	3	4	4	3	3	4
Manufacturing VP	2	3	2	4	3	3
Result	3.6	3.8	3.4	3.8	2.8	4.2

Tabella 3.1: Esempio di analisi qualitativa [12].

la contromisura più efficace per eliminare tale minaccia (nella Tabella 3.1: Efficacia=4.2).

3.2 Approccio quantitativo

Il secondo tipo di approccio usato per il risk management è quello *quantitativo*. La caratteristica principale di questo metodo è che, per effettuare qualsiasi tipo di misurazione, vengono utilizzate delle misure che riescano a esprimere, in termini numerici tutte le valutazioni sugli *asset*, sulla frequenza delle minacce, sull'impatto, sulle perdite potenziali, l'efficacia delle contromisure, sul costo delle contromisure e sul livello di rischio presente nel sistema [12, 19].

Questo metodo risulta essere particolarmente importante in quanto cerca di associare ad ogni grandezza il relativo valore monetario in modo da determinare sia il valore di ciò che si vuole proteggere all'interno dell'impresa sia il costo che bisogna sostenere per un investimento in nuove misure di sicurezza [28].

La principale difficoltà derivante dall'utilizzo di questo approccio sta nell'effettuare le misurazione riguardanti i parametri chiave del processo di assessment, utilizzando delle metriche che siano tra loro indipendenti e che riescano a quantificare in maniera corretta il valore monetario associato ad ognuno di essi.

L'indubbio vantaggio derivante dall'utilizzo di un approccio quantitativo sta invece nel fatto che esso risulta essere un metodo oggettivo. Le misurazioni effettuate risultano essere di facile comprensione al management in quanto espresse in termini di valori monetari, percentuali e probabilità ed inoltre è possibile avvalersi di una serie di indici, di cui parleremo nel prossimo paragrafo, per meglio effetture delle previsioni sul sistema [19, 20].

3.2.1 Indici

Una volta quantificate le grandezze più importanti, possono essere utilizzati una serie di indici per effettuare stime sulla frequenza degli attacchi, sull'impatto sui diversi *asset* e sulle perdite attese [19, 20, 40].

Exposure Factor (EF)

L'*Exposure Factor* (EF) è un indice che serve a misurare il livello di danno, o l'impatto provocato da un evento dannoso su un singolo *asset* [20, 19]. Questo viene espresso sotto forma di una percentuale, compresa tra 0% e 100% del valore dell'asset colpito dal threat.

Per determinare in maniera accurata tale indicatore spesso si ricorre a diversi metodi quali [12]: l'*esperienza* e il *metodo Delphi*.

Single Loss Exposure (SLE)

Il *Single Loss Exposure*(SLE) è un indice che misura il costo associato ad una singolo threat che agisce su un singolo asset[19, 20, 40].
Questo viene calcolato moltiplicando il fattore di esposizione (EF) per il valore monetario dell'asset (AV):

$$SLE = AV * EF \tag{3.1}$$

Esempio 3.4 (Calcolo del SLE [12]). Prendiamo in considerazione l'azione di un virus all'interno di un sistema IT. Se l'impatto provocato da tale virus su ogni *asset* è stimato con un EF pari al 20% ($EF = 0.20$) e il valore di uno degli *asset* colpiti è stimato attorno a 100.000 €, allora avremo:

$$SLE = 100.000 \,€ * 0.20 = 20.000 \,€$$

che equivale alla perdita associata al successo dell'evento dannoso.

Annualized Rate of Occurrence (ARO)

Calcolare l'esposizione ad una singola perdita (SLE) fornisce un'idea della perdita dovuta al verificarsi di una sola minaccia su un solo *asset*, per poter determinare la perdita annua è necessario conoscere la frequenza con cui un particolare evento minaccioso possa verificarsi nell'arco di un anno. A questo scopo viene calcolato l'*Annualized Rate of Occurrence* (ARO) [12].

Questo non esprime una probabilità, ma un tasso, in particolare il numero di volte che un threat si verifica nell'arco di un anno.

Se, per esempio, una certa minaccia si verifica una volta ogni 10 anni, allora avremo che $ARO = 0.1$, se una minaccia si verifica con cadenza mensile allora avremo che $ARO = 12$, se una minaccia si manifesta settimanalmente si avrà $ARO = 52$.

Così come per l'EF, il calcolo dell'ARO per ogni possibile minaccia risulta essere critico e non particolarmente facile [12], per cui spesso si utilizzano le stesse strategie impiegate nella determinazione dell'EF: l'*esperienza* e il *metodo Delphi*.

Annualized Loss Expectancy (ALE)

Ultimo indice utilizzato all'interno dell'approccio quantitativo è l'*Annualized Loss Expectancy* (ALE). Questo esprime la perdita attesa, su base annua, associata ad una specifica minaccia. Esso viene calcolato moltiplicando l'ARO, il tasso annuo di occorrenze di una minaccia, per il SLE, la perdita attesa per ogni singola esposizione alla minaccia [12, 19, 20, 24, 33, 40].

$$ALE = SLE * ARO \qquad (3.2)$$

Esempio 3.5 (Esempio calcolo di indici [12]). La Tabella 3.2 qui di seguito
riportata illustra come vengono calcolati questi indici in relazione a diverse
minacce e diversi *asset*.

asset	asset value	Threat	EF	SLE	ARO	ALE
Database	200.000 €	Virus	50%	100.000 €	0.65	65.000 €
File Server	12.000 €	Failure	100%	12.000 €	0.40	4.800 €
Product Plans	150.000 €	Disclosure	70%	105.000 €	0.65	68.250 €
Infrastructure	1.500.000 €	Fire	30%	450.000 €	0.10	45.000 €

Tabella 3.2: Esempio dell'uso degli indici [12].

Nella Tabella 3.2, un database ha un valore stimato pari a 200.000 €.
Il rischio che un virus possa agire è pari al 50%, quindi l'EF viene stimato
pari a 0.5. Il costo di un attacco messo in atto attraverso un virus è pari
a 100.000 € ($SLE = 200.000 € * 0.50$). La frequenza con cui il virus può
manifestarsi è di una volta ogni diciotto mesi, per cui l'ARO è pari a 0.65.
Per cui il sistema ha un costo annuo pari a 65.000 € a causa di un attacco
da parte di un virus.

3.2.2   Analisi costi/benefici

Nel Capitolo 2 abbiamo discusso del risk management, dei processi in esso
contenuti e degli obbiettivi che in esso vogliono essere raggiunti. All'interno
di uno di questi processi abbiamo discusso di un particolare strumento che
viene utilizzato per effettuare la selezione di quali controlli implementare per
la mitigazione dei rischi tra tutti quelli individuati dal team che ha effettuato
l'analisi. Questo processo prende il nome di *analisi costi/benefici*.

Nel Paragrafo 2.2.3 abbiamo introdotto questo strumento, vediamo adesso
uno dei metodi che può essere adottato per l'esecuzione di tale analisi attraverso l'utilizzo degli indici finora discussi.

L'analisi costi/benefici (CBA) può essere eseguita attraverso l'uso di tre indici [12, 20, 40]:

1. *ALE (prior)*: questo indice corrisponde all'ALE calcolato finora, senza quindi considerare le contromisure già in funzione nel sistema.

2. *ALE (post)*: una volta che una contromisura è stata selezionata, l'ALE viene ricalcolato. Se tale misura è efficace l'ALE nuovamente calcolato è inferiore al precedente. Questo significa che sono stati diminuiti il tasso di esposizione (EF) e/o il tasso annuo di occorrenza (ARO). Questo nuovo valore prende il nome di *ALE (post)*.

3. *Annualized Cost of Safeguard (ACS)*: è il costo totale associato alla contromisura selezionata. Esso include il costo di acquisto, di installazione e di manutenzione.

Il calcolo di questi indicatori permette ora di effettuare l'analisi desiderata:

$$CBA = ALE \ (prior) - ALE \ (post) - ACS \qquad (3.3)$$

In questa formula $ALE \ (prior) - ALE \ (post)$ rappresenta il guadagno lordo per l'organizzazione derivante dall'adozione della contromisura considerata. Sottraendo da questo il costo della contromisura otteniamo il guadagno netto per l'impresa (CBA).

- Se CBA è un valore positivo, allora la il controllo selezionato risulta essere economicamente conveniente per l'impresa.

- Se CBA è pari a zero, non c'è alcuna differenza, dal punto di vista economico, tra adottare la contromisura o meno.

- Se, invece, CBA è negativo il controllo selezionato ha un costo superiore rispetto al guadagno che l'impresa otterrebbe con la sua adozione.

Esempio 3.6 (Esempio di CBA [12]). Una impresa possiede un database critico il cui valore è stato stimato pari a 1 milione di euro. Tale valore risulta essere comprensivo del costo dei sistemi hardware, software, del tempo di installazione e manutenzione.

Un'analisi delle minacce rileva che l'attacco di un virus risulta essere una minaccia seria, con un fattore di esposizione (EF) pari al 10 percento, ed un tasso annuo di occorrenza (ARO) di 2.5, cioè con una frequenza di 2 volte e mezzo l'anno. Avremo che:

$$SLE = 1.000.000€ * 0.1 = 100.000€,$$
$$ALE \ (prior) = 100.000€ * 2.5 = 250.000€.$$

La contromisura selezionata è un software antivirus per un costo complessivo annuo di 30.000€. Esso permette una diminuzione dell'ARO a 0.7. Si avrà quindi:

$$ALE \ (post) = 100.000€ * 0.7 = 70.000€.$$

A questo punto è possibile calcolare il guadagno derivante dall'adozione del software antivirus:

$$CBA = 250.000€ - 70.000€ - 30.000€ = 150.000€.$$

A meno che non vengano proposte delle contromisure che permettono un guadagno netto più elevato, il software antivirus è candidato ad essere adottato all'interno del sistema.

3.2.3   Return On Investment (ROI)

Prima di spendere del denaro su un prodotto o un servizio, gli amministratori di un'impresa voglio conoscere se l'investimento che si apprestano ad effettuare è giustificato.

Il Return on Investment (ROI) è un indicatore che viene utilizzato per questo scopo: valutare il rendimento di un investimento e confrontare tra loro diverse alternative di scelta [33].

Per calcolare il ROI [33] viene considerato il guadagno atteso dall'investimento (*Expected Returns*) e il suo costo (*Cost of Investment*):

$$ROI = \frac{Expected \ Returns \ - \ Cost \ of \ Investment}{Cost \ of \ Investment} \qquad (3.4)$$

Utilizzando la nozione di CBA, introdotta nella sezione precedente, il ROI può essere anche espresso come:

$$ROI = \frac{CBA}{ACS} \tag{3.5}$$

Questo indice può essere utilizzato in ogni ambito, anche per calcolare il guadagno derivante da un investimento in sicurezza, in questo caso particolare non si parla più di ROI, ma di *Return on Investment for a security investment* (ROSI). Questo indice può essere alternativamente calcolato nel seguente modo [33]:

$$ROSI = \frac{(Risk\ Exposure \times \%\ Risk\ Mitigated) - Solution\ Cost}{Solution\ Cost} \tag{3.6}$$

Da notare che l'indice ROI calcola utilizzano l'equazione 3.5 mette in evidenza il vantaggio economico dell'uso della contromisura, mentre 3.6 mette in evidenza quanto la contromisura sarà efficace per ridurre il potenziale attacco.

In particolare si ha la seguente equazione:

$$ALE(prior) - ALE(post) = Risk\ Exposure \times \%\ Risk\ Mitigated \tag{3.7}$$

Vediamo un esempio di come questo indice lavora: supponiamo di dover valutare l'investimento in un software antivirus.

Esempio 3.7 (Esempio utilizzo del ROSI [33]). Un'impresa è stata soggetta ad un attacco da parte di virus. Il danno provocato da questa infezione è stimato, in termini di perdita di produttività, pari a 25.000 €. La frequenza con cui si verificano tali attacchi è pari a 4 volte l'anno. Abbiamo che:

Risk Exposure: 25.000 €*4=100.000 €

Risk Mitigated: 75%

Solution Cost: 25.000 €

$$ROSI = \frac{(100.000 * 75\%) - 25.000}{25.000} = 2 = 200\%$$

Il software antivirus sembra essere un ottimo investimento.

3.2.4 Return On Attack (ROA)

Il *Return on Attack* (ROA) è un indice proposto in [7] con l'obbiettivo di misurare la convenienza, per l'attaccante, di agire contro un sistema tenendo conto delle contromisure in esso adottate e dell'impatto che queste avrebbero sui costi sostenuti dall'attaccante.

Questo indice se utilizzato insieme al ROI permette di identificare non solo le contromisure economicamente più vantaggiose per l'impresa, ma anche quelle che riescono a scoraggiare l'attacco da parte di individui malintenzionati.

Il ROI, infatti, può fornire una valutazione parziale della validità di un investimento in sicurezza per un sistema IT, in quanto non prende in considerazione l'interesse dell'attaccante. Il costo di un attacco può non dipendere dal costo di una contromisura, in quanto diversi controlli con diversi costi possono fornire la stessa protezione contro un malintenzionato.

Per questi motivi, in [7] viene proposto l'uso congiunto del ROI e del ROA per una corretta valutazione di un investimento in sicurezza.

Il *Return on Attack*, ROA, può essere definito come il guadagno atteso dall'attaccante da un attacco portato a termine con successo, tenendo conto delle perdite subite a causa della presenza di una contromisura (S) all'interno del sistema colpito.

$$ROA = \frac{gain\ from\ successful\ attack}{cost\ before\ S + loss\ caused\ by\ S} \tag{3.8}$$

3.3 Approccio ibrido

L'approccio *ibrido* è una combinazione degli approcci precedenti che generalmente utilizza gli strumenti dell'approccio qualitativo per identificare le possibili aree di rischio, mentre utilizza quelli quantitativi per stimare la perdita monetaria associata ad ogni rischio individuato.

3.4   Confronto

Cerchiamo di riassumere i lati positivi e quelli negativi dei metodi fin'ora discussi [19].

L'approccio *quantitativo* è semplice, di facile comprensione ed esecuzione e può essere utilizzato anche dai meno esperti in analisi dei rischi. Il suo principale punto di forza sta nel fatto che non è necessario utilizzare valori numerici ne per esprimere il valore monetario degli asset, nè per determinare la frequenza con cui si verifica una minaccia.

Questa semplicità diventa, allo stesso tempo, un punto di debolezza del metodo, in quanto le valutazioni riportate potrebbero essere giudicate dal management eccessivamente soggettive e per questo non affidabili. Inoltre non può poi essere condotta nessuna analisi che rapporti i costi delle misure adottate e non è possibile effettuare una valutazione, a posteriori, delle performance ottenute dal processo di risk management.

L'approccio *quantitativo*, al contrario, è basato sulla misurazione di tutte le grandezze che devono essere analizzate (quali il valore degli asset, la frequenza delle minacce, il fattore di esposizione, i costi delle contromisure e l'incertezza degli eventi).

La chiave del processo sta nella scelta di misurazioni adeguate e indipendenti per ogni grandezza. Inoltre in questo modo è possibile effettuare delle valutazioni di tipo oggettivo del sistema utilizzando indicatori di performance e altri strumenti come l'analisi costi/benefici. Infine il management è solitamente favorevole a quest'approccio in quanto usa un linguaggio più comprensibile fatto di cifre, valori monetari, percentuali e probabilità.

D'altro canto, però, queste quantificazioni delle grandezze risultano essere complicate, richiedono un certo numero di tempo per essere prodotte, devono essere raccolte molte informazioni, analizzati molti parametri e l'analisi potrebbe così risultare eccessivamente lunga.

A causa di questi motivi l'approccio scelto dai team di risk management è, solitamente, quello ibrido che cerca di unire i benefici di quello quantitativo e di quello qualitativo avvalendosi di misurazioni di tipo numerico per l'analisi degli asset e delle contromisure, e di giudizi circa le frequenze di eventi dannosi e gli impatti che avrebbero per l'azienda.

Capitolo 4

Attack trees e Vulnerability trees

In questo capitolo parleremo di *attack trees* e *vulnerability trees* due strumenti utilizzati per l'individuazione di scenari d'attacco. Entrambi i metodi fanno uso delle informazioni raccolte nel corso delle fasi iniziali del processo di risk assessment e costituiscono dei modelli grafici.

Numerosi in letteratura sono gli approcci che fanno uso grafi o alberi per l'analisi di particolari fenomeni. Di seguito vedremo brevemente quali sono stati i primi approcci di questo tipo.

4.1 Fault Tree Analysis

La *fault tree analysis* è una metodologia per l'analisi dei guasti di un sistema [35]. In particolare la Fault Tree Analysis permette di individuare le cause che possono ever determinato il verificarsi di un particolare evento dannoso.

Gli eventi indesiderati che vengono analizzati sono posti alla radice di un albero and/or [23], i nodi figli possono rappresentare le possibili cause che hanno scaturito l'evento (nodi or) o gli eventi che insieme hanno provocato l'evento principale (nodi and).

Questo metodo nasce negli anni '60 presso i laboratori della *Bell Tele-phone*. Una delle sue prime applicazioni si ha nel 1961 per assicurare la salvaguardia dei sistemi di controllo usati per i lanci di missili [37, 38]. Tale modello può essere applicato non solo nella prevenzione di guasti, ma anche nell'analisi delle cause di un incidente dopo che questo si è verificato. A questo scopo venne impiegato dalla NASA per lo studio delle cause del disastro dell'Apollo 1 nel 1967 [16].

In Figura 4.1 vediamo un esempio di come una *fault tree* può essere utilizzato per analizzate le cause che possono provocare un'incidente ai danni degli addetti ai lavori in una galleria.

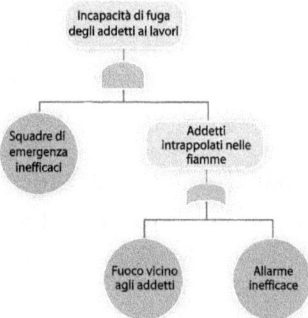

Figura 4.1: Esempio di Fault Tree per analisi di un sistema anti-incendio.

La radice dell'albero è l'evento indesiderato: "incapacità di fuga da parte degli addetti ai lavori". Tale evento è scaturito da due eventi separati che si verificano nello stesso istante (per questo identificati da un nodo **and**): "l'inefficacia delle squadre di emergenza" e "addetti rimasti intrappolati nelle fiamme".

Quest'ultimo può essere stato causato da due eventi differenti (rappresentati tramite un nodo **or**): dal fatto che gli "operai sono troppo vicini al fuoco" oppure da "l'allarme non funziona a dovere".

4.2 Event Trees

Quello degli *event tree* è un approccio basato sugli alberi simile ai *fault tree* ma che utilizza una logica diversa per la rappresentazione degli eventi [15]. L'analisi svolta con gli *event tree*, infatti, permette di identificare, a partire da un evento indesiderato, quali sono gli effetti che questo può produrre all'interno di un sistema.

Inoltre gli *event tree* non fanno uso di strutture **and/or** in quanto sono basati su una logica binaria: ogni effetto, prodotto dall'evento indesiderato, può verificarsi oppure no (vengono considerati solo i nodi **or**).

Un classico esempio di *event tree* è quello che studia gli effetti che può produrre un incendio.

Figura 4.2: Esempio di Event Tree per analisi di un sistema anti-incendio.

Nell'esempio in vedi Figura 4.2 un sistema anti-incendio ha due componenti destinati al controllo dell'evento *fuoco*: un sistema di rilevamento e un sistema di chiamata automatica ai vigili del fuoco.

Se la chiamata ai vigili del fuoco fallisce, il fuoco viene controllato parzialmente dal sistema anti-incendio. Se anche il sistema anti incendio fallisce, il sistema viene completamente distrutto.

L'obbiettivo di un *event tree* è quello di determinare la probabilità di un evento (nell'esempio nessun danno, danno parziale o sistema distrutto) sulla base dei risultati delle azioni poste in sequenza (successo o fallimento del sistema di rilevamento e successo o fallimento del sistema di chiamata automatica).

4.3   Vulnerability trees

I *vulnerability trees* sono particolari tipi di alberi che vengono utilizzati per rappresentare e analizzare le vulnerabilità che potrebbero essere sfruttate da un malintenzionato ai danni di un sistema IT di un'impresa.

Questi forniscono una rappresentazione visiva delle vulnerabilità presenti all'interno di un sistema e ne individuano le relazioni, mettendo in evidenza i passi che un attaccante dovrebbe seguire per ottenere il proprio obbiettivo.

I *vulnerability trees* [36] sono degli alberi costruiti nel seguente modo:

- la radice dell'albero (*top vulnerability*) costituisce la vulnerabilità principale V;

- i diversi rami dell'albero costituiscono i vari modi in cui la stessa può essere sfruttata;

- i nodi figli, v, indicano i diversi passi che l'attaccante deve seguire per riuscire a scoprire la vulnerabilità che sta alla radice.

La rappresentazione grafica di questi alberi proposta in [36] è basata sulla notazione utilizzata all'interno della *Fault Tree Analysis*, nella Figura 4.3, di seguito riportata, abbiamo un esempio di vulnerability tree.

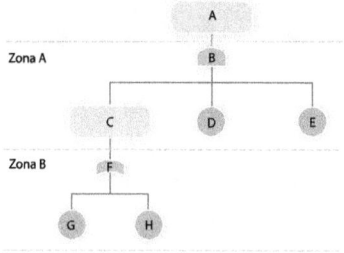

Figura 4.3: Rappresentazione dei vulnerability tree [36].

La radice dell'albero, il nodo A, costituisce la vulnerabilità principale. Affiché questa sia scoperta devono prima essere individuate tutte le vulnerabilità presenti nella *zona A*: quelle rappresentate dai nodi *C*, *D* ed *E*.

Il nodo *B*, secondo la notazione dei fault tree, è un nodo **and**, questo serve a raffigurare che, perchè *A* sia scoperta devono prima essere individuate necessariamente sia *C*, sia *D* che *E*.

Il nodo *F*, invece, è un nodo **or**: affinchè la vulnerabilità *C* sia scoperta basta che sia individuata *G* o *H*.

I vulnerability tree possono essere arricchiti di maggiori informazioni mediante l'utilizzo di alcune etichette da associare ad ogni nodo. In particolare in [36] viene proposto l'uso delle seguenti etichette:

- *Vulnerability ID*: un identificatore da associare ad ogni vulnerabilità necessaria alla scoperta della top vulnerability;

- *Name*: il nome di ogni vulnerabilità;

- *Type*: indica se il nodo è una vulnerabilità o un passo per scoprirne un altra;

- *Category*: la categoria di appartenenza della vulnerabilità analizzate. In particolare questa potrebbe essere: fisica, naturale, hw/sw, di comunicazione e umana;

- *Complexity Value* (CV): definito come il minor numero di vulnerabilità/passi che una attaccante dovrebbe scoprire/utilizzare per ottenere il proprio obbiettivo.

- *Educational Complexity* (EC): definito come le competenze che un attaccante possiede e che risultano essere necessarie per l'individuazione della vulnerabilità principale.

4.3.1 Creare vulnerability tree

Lo scopo dei vulnerability tree è quello di supportare i responsabili della sicurezza di un sistema nella comprensione e analisi degli scenari d'attacco che un agente ostile potrebbe seguire per individuare delle vulnerabilità all'interno di un'impresa.

Secondo [36] il processo per la creazione di questi alberi è costituito da cinque fasi:

1. *Pre-analisi*: vengono individuate tutte le vulnerabilità che potrebbero interessare un sistema e che vanno a costituire la radice dell'albero. Vengono poi identificati tutti gli asset che verranno colpiti dalle vulnerabilità individuate.

2. *Analisi strutturale*: vengono costruiti gli alberi, a partire dalla radice vengono aggiunti i diversi rami e i nodi fino al livello di decomposizione e dettaglio desiderato.

3. *Analisi dei nodi*: l'albero viene arricchito dall'aggiunta degli attributi per ogni nodo.

4. *Analisi dei valori*: in base ai possibili attaccanti vengono individuati i percorsi (*path*) che più probabilmente verranno seguiti. Il risultato di ogni path fornirà la complessità della vulnerabilità principale.

5. *Ottimizzazione dell'analisi*: vengono identificate quelle vulnerabilità che compaiono più di una volta nell'albero o che sono presenti in alberi differenti. L'obbiettivo che si vuole raggiungere è quello di minimizzare i costi relativi alle necessarie contromisure da introdurre nel sistema.

4.4   Attack trees

Gli *attack trees* sono particolari tipi di alberi che vengono utilizzati per rappresentare e analizzare i modi attraverso i quali un sistema può essere sottoposto ad un attacco. Questi alberi danno una rappresentazione visiva delle situazioni d'attacco cui può essere sottoposto un asset, sia esso una casa, una cassaforte, un'impresa o un sistema informatico. In particolare tale strumento permette di individuare i possibili modi attraverso i quali l'asset può essere colpito da un attacco.

All'interno del processo di risk assessment gli *attack trees* sono utilizzati per individuare come gli asset dell'impresa possono essere colpiti da attacchi da parte di persone che agiscono al fine di danneggiare l'impresa stessa. In particolare, attraverso questo strumento, vengono messe in evidenza le vulnerabilità presenti nel sistema facilitando la scelta delle contromisure che devono essere adottate per salvaguardare il sistema IT.

Gli *attack trees* sono strutturati nel modo seguente [31, 32]:

- la radice rappresenta l'obbiettivo, il *goal*, che l'attaccante vuole raggiungere. Esempi di radice possono essere "entrare in una casa", "aprire una cassaforte", "rubare i segreti di un'impresa" oppure "violare un sistema informatico";

- la radice viene suddivisa in una serie di goal più piccoli, ma più dettagliati che rappresentano i diversi *modi* attraverso i quali raggiungere il goal principale, o la serie di *passi* che devono essere compiuti per raggiungerlo. Ad esempio il goal "entrare in una casa" può essere suddiviso in "entrare dalla porta", "entrare dalla finestra" oppure "entrare dal garage", oppure il goal "rubare i dati di un'impresa" può essere scomposto in "avere accesso ad un computer", "loggarsi al sistema" e "accedere alle informazioni memorizzate".

L'*attack tree* permette di delineare al meglio le possibili situazioni d'attacco, o scenari, grazie all'utilizzo di una struttura ad albero di tipo and/or [23]. Questa permette di scomporre un goal attraverso due tipi differenti di nodi:

- i nodi **and** rappresentano tutti i passi necessari da compiere per ottenere il goal scomposto;

- i nodi **or** rappresentano tutti i diversi modi attraverso quali è possibile raggiungere lo stesso obbiettivo.

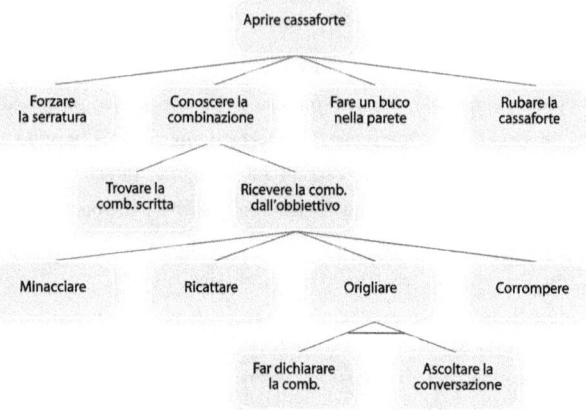

Figura 4.4: Esempio di attack tree.

Vediamo ora un esempio per cercare di capire meglio l'utilizzo degli *attack trees* e della loro struttura a nodi and/or.

La Figura 4.4 illustra un possibile scenario d'attacco per l'apertura di una cassaforte [31]. I nodi and sono rappresentati attraverso una linea che taglia gli archi verso i nodi figli. La radice dell'albero costituisce il goal complessivo che l'attaccante vuole raggiungere: *aprire la cassaforte*.

Questo obbiettivo può essere raggiunto in diversi modi:

1. l'attaccante potrebbe forzare la serratura;

2. conoscere la combinazione;

3. fare un buco nella parete;

4. rubare la cassaforte.

Questi metodi costituiscono delle alternative per il raggiungimento dello stesso obbiettivo, per cui vengono inseriti al *secondo* livello dell'albero attraverso dei nodi or.

È possibile ampliare ulteriormente lo scenario d'attacco, analizzando come l'attaccante può venire a conoscenza della combinazione, egli potrebbe:

1. trovarla scritta;

2. riceverla dal proprietario.

Anche questi sono modi alternativi di raggiungere lo stesso obbiettivo, per cui anch'essi vengono rappresentati attraverso dei nodi or al *terzo* livello dell'albero.

Per ricevere la combinazione dal proprietario, l'attaccante potrebbe:

1. minacciarlo;

2. ricattarlo;

3. origliare una sua conversazione;

4. cercare di corromperlo.

Queste ipotesi, alternative tra loro, vengono inserite all'interno dell'albero con nodi or al *quarto* livello.

L'ultima situazione analizzata nella Figura 4.4, mostra come l'attaccante potrebbe ricevere la combinazione origliando: egli dovrebbe ascoltare una conversazione in cui il proprietario dichiari la combinazione della cassaforte. Poiché queste due situazioni ("ascoltare" e "dichiarare") dovrebbero verificarsi contemporaneamente, è necessario che vengano rappresentate attraverso un nodo and.

Da questo esempio di *attack tree* è possibile dedurre la facilità con la quale possono essere schematizzate molteplici situazioni d'attacco, indipendentemente dal contesto in cui esse vengono applicate.

4.4.1 Uso di etichette

Gli *attack trees* appartengono agli strumenti di tipo qualitativo utilizzati nel processo di information security risk management al fine di poter individuare i possibili scenari d'attacco relativi ad un sistema IT. Per essere utilizzati in questo processo, gli alberi sono arricchiti da etichette qualitative che permettono di valutare quali sono gli attacchi che si potranno verificare realmente e quali invece non avranno grandi possibilità di essere portati a termine.

Le etichette qualitative utilizzate possono essere di diverso tipo: *possibile/impossibile, facile/difficile, costoso/non costoso, intrusivo/non intrusivo, legale/non legale* oppure *con l'uso di attrezzature speciali/senza l'uso di attrezzature.*

La scelta è cruciale ai fini di una valutazione complessiva dell'attacco e proprio per questo, spesso vengono utilizzate diverse etichette da associare ad ogni nodo, ognuna delle quali rappresenta un diverso fattore che incide sullo scenario.

Usando l'esempio precedente è possibile vedere come allo stesso scenario possano essere applicate più criteri, che tengano conto di diversi fattori.

Quando si studia uno scenario ci si può chiedere: *"quali risorse deve utilizzare l'attaccante per raggiungere il proprio obbiettivo?"*, *"avrà bisogno di attrezzature particolari per attuare la sua azione?"*.

Nella Figura 4.5 vengono utilizzati questi quesiti per valutare la possibilità di attuazione dell'attacco. Si può pensare infatti che un attacco senza attrezzature speciali (nella Figura 4.5 etichettato con NSE) possa essere più attuabile di uno che necessita di attrezzature speciali (nella Figura 4.5 etichettato con SE).

In questo modo è possibile individuare il livello di complessità dell'attacco, e determinare quali sono le azioni che possono essere attuate da chiunque e quali, invece, richiedono un certo grado di conoscenze e di preparazione.

Un'altra etichetta che viene spesso utilizzata è il costo che l'attaccante dovrebbe sostenere per attuare la propria minaccia [32]. Nella Figura 4.6 sono riportati i valori, espressi in euro, relativi al costo di ogni azione. L'etichettatura parte dalle foglie dell'albero. L'etichetta di un nodo **and** è data dalla somma dei valori associati ai nodi figli, mentre l'etichetta di un

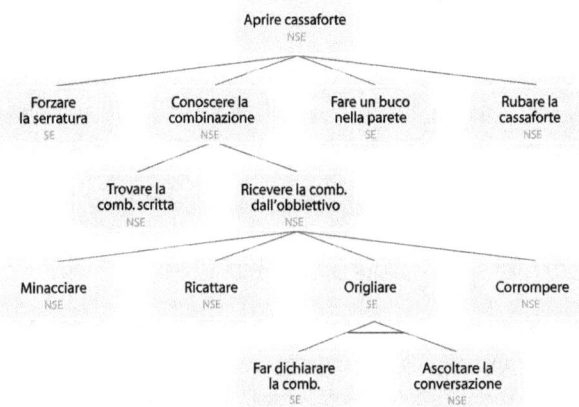

Figura 4.5: Esempi di attacchi con attrezzatura speciale (SE) e senza attrezzatura (NSE).

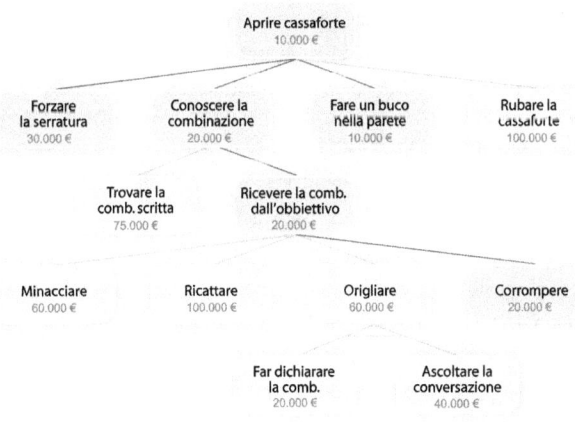

Figura 4.6: Esempi di attacchi con costo inferiore ai 50.000 euro.

nodo **or** è data dal minimo dei figli [32].

Per esempio nella Figura 4.6:

- "origliare" ha un costo pari a 60.000 € che è dato dalla somma dei valori dei nodi figli ("far dichiarare la combinazione" di 20.000 € e "ascoltare la conversazione" di 40.000 €);

- i figli del nodo "ricevere la combinazione dall'obbiettivo" hanno i valori: 60.000 €, 100.000 €, 60.000 € e 20.000 € per cui il valore minimo è pari a 20.000 € corrispondente al nodo "corrompere".

Quando si utilizzano come etichette i "costi", è possibile fare delle valutazioni più complesse sullo scenario rappresentato.

Supponendo che l'attaccante conosca il valore del contenuto all'interno della cassaforte, ad esempio 50.000 €, egli metterà in atto solo quelle azioni il cui costo è inferiore o uguale a tale cifra. Infatti intraprendere le attività con un costo superiore non giustifica l'attacco. Pertanto, come mostrato nella Figura 4.6, gli scenari probabili sono quelli evidenziati dalla linea più scura, vale a dire le azioni che permettono un guadagno finale all'attaccante. In questo modo è possibile escludere alcune azioni dall'albero, e diminuire, così, le cause di vulnerabilità che possono interessare il sistema.

Dagli esempi appena illustrati è semplice notare come la valutazione finale di uno stesso scenario d'attacco sia diversa a seconda della misura applicata. Combinando tra loro le etichette usate nei precedenti esempi, è possibile evidenziare un ulteriore tipo di attacco, che, altrimenti, non sarebbe stato considerato: quello "più economico che non richiede attrezzature speciali" (vedi Figura 4.7) evidenziato dal *path* più scuro.

4.4.2 Creare attack trees

All'interno del processo di risk assessment gli *attack trees* vengono impiegati una volta concluse le fasi di studio sulle caratteristiche del sistema, di identificazione delle minacce e vulnerabilità che potrebbero impattare su di

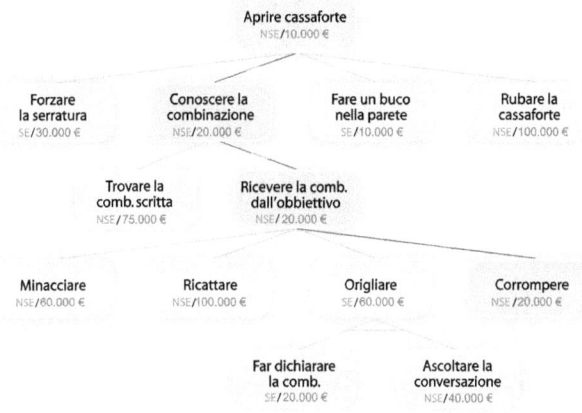

Figura 4.7: Esempi di attacchi economici che non richiedono attrezzature speciali.

esso. Le informazioni raccolte durante queste analisi vengono combinate tra loro per creare un quadro generale della situazione ed individuare quali sono gli scenari d'attacco che si potrebbero verificare.

L'obbiettivo che si vuole raggiungere attraverso l'uso degli *attack trees* è quello di individuare quali sono gli scenari che più probabilmente si verificheranno, in modo da soffermarsi su di essi per la scelta delle contromisure necessarie.

La "procedura" per la creazione di un *attack tree* è, a livello teorico, molto semplice [32]. Ogni asset viene considerato come un possibile obbiettivo e, per ognuno di essi, viene creato un albero differente. Basandosi sulle minacce e sulle vulnerabilità individuate, vengono creati gli *scenari base* d'attacco. Ogni scenario base viene poi ampliato, individuando i metodi attraverso i quali e possibile raggiungere il goal dell'attacco.

Esempio 4.1 (Creazione di un attack tree). Supponiamo voler analizzare lo scenario d'attacco che si potrebbe verificare ai danni di un *server* di un'impresa.

Le vulnerabilità che sono state riscontrate durante le prime fasi del processo di risk assessment riguardano: l'esistenza di una debolezza sia nel sistema d'allarme che nella porta di sicurezza della stanza dove il server viene custodito.

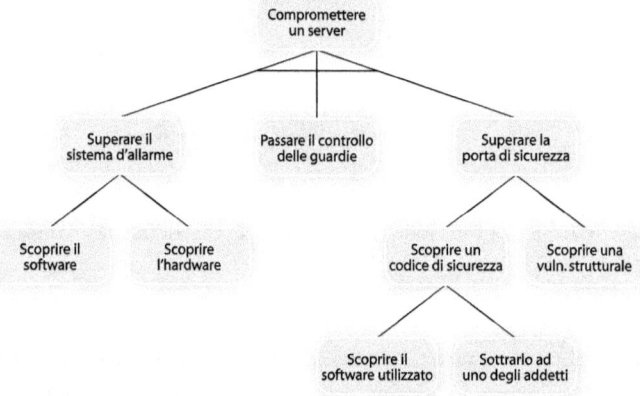

Figura 4.8: Creazione dello scenario.

Se un malintenzionato agisse con l'obbiettivo di compromettere il server egli dovrebbe: superare il sistema d'allarme, passare il controllo delle guardie e superare la porta di sicurezza.

Il sistema d'allarme può essere aggirato a causa di una vulnerabilità del software o dell'hardware del sistema. La porta di sicurezza può essere manomessa scoprendo un codice d'accesso oppure grazie alla presenza di una vulnerabilità strutturale.

Una volta creati gli attack trees, ognuno di essi viene valutato singolarmente. I nodi vengono etichettati tenendo conto non solo delle risorse che si stanno analizzando, ma anche delle caratteristiche dei potenziali aggressori [22, 29, 32], in quanto ognuno di essi avrà livelli di abilità, tolleranza ai rischi, possibilità di accesso e possibilità economiche differenti. Se, ad esempio, si temono attacchi da parte del *crimine organizzato* è necessario prevedere la possibilità di azioni costose messe in atto da persone che sono pronte a correre il rischio di finire in prigione. Se invece, si temono attacchi da parte di *studenti* che studiano i sistemi di sicurezza dei computer connessi ad Internet non è necessario prendere in considerazione attacchi costosi o che prevedano la possibilità di corruzione o ricatto.

Esempio 4.2 (Etichettatura dell'attack tree). Continuiamo l'Esempio 4.1 e procediamo con l'etichettatura dei nodi dell'albero. Le etichette scelte per valutare lo scenario sono: il costo dell'attacco e le conoscenze necessarie per attuare l'attacco rappresentate con una scala di valori che va da 1 (*conoscenze minime*) a 5 (*conoscenze approfondite*).

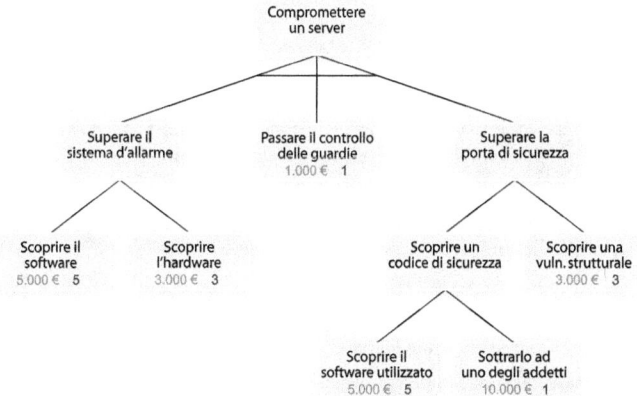

Figura 4.9: Etichettatura delle foglie.

A partire dalle foglie dell'albero si procede con l'assegnazione di tali valori e si procede poi a ritroso per l'etichettatura di tutto l'albero.

A questo punto è necessario prendere in considerazione i possibili nemici da cui dobbiamo difenderci.

Se a voler danneggiare quel particolare asset fosse una *"persona comune"* la strategie da lui scelta sarebbe certamente quella che richiede il minor dispendio economico possibile Figura 4.10(a) (path evidenziato).

Se invece ad attaccare l'asset fosse un *concorrente dell'impresa*, disposto a spendere qualsiasi cifra per portare a termine il proprio attacco, la strategia da lui adottata potrebbe anche essere quella che comporta un maggiore dispendio di denaro ma che risulta essere più semplice dal punto di vista delle conoscenze necessarie per portarla a termine Figura 4.10(b) (path evidenziato).

Una volta completato l'albero e individuate le diverse strategie d'attacco si può passare alla fase di valutazione.

Un vantaggio di questo tipo di analisi è che spesso possono essere individuate delle vulnerabilità che altrimenti non sarebbero state considerate, e per ognuna di esse è possibile:

- stabilire quali sono le contromisure necessarie per difendere il sistema,

- valutare la loro efficacia nei confronti dei nemici da cui ci si deve difendere,

- valutare la fattibilità economica degli attacchi rispetto al livello di rischio che l'impresa ritiene di poter sopportare.

In questo capitolo abbiamo dunque visto come a partire dalle informazioni raccolte nel corso delle prime fasi del processo di risk assessment sia possibile rappresentare, attraverso dei particolari tipi di alberi, gli scenari d'attacco potrebbero verificarsi all'interno di un sistema IT, mettendo in luce le parti del sistema che necessitano di una maggiore protezione.

Nel prossimo capitolo cercheremo di migliorare l'utilizzo di questi strumenti al fine di un loro migliore impiego all'interno del processo di gestione del rischio di information technology.

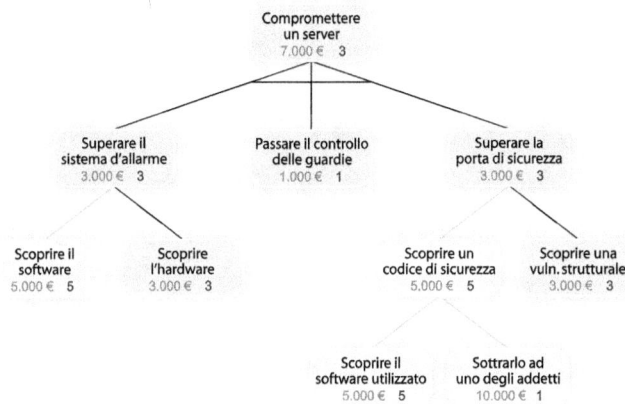

(a) La strategia d'attacco che richiede meno risorse economiche.

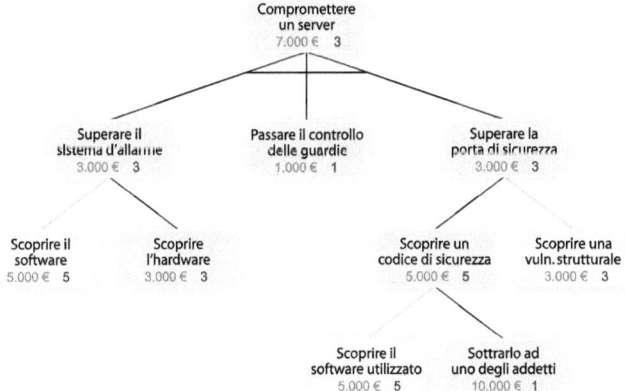

(b) La strategia d'attacco che richiede minori competenze.

Figura 4.10: Analisi delle differenti strategie d'attacco.

Capitolo 5

Uso di indici quantitativi su attack trees

Nel capitolo precedente abbiamo parlato di fault tree, event tree, vulnerability tree e di attack tree, strumenti che possono essere utilizzati in un processo di Information Security Risk Analysis per l'individuazione degli scenari d'attacco ad un sistema IT.

In questo capitolo viene proposto un modo nuovo per utilizzare gli attack trees. In particolare vedremo che, pur essendo tipicamente impiegati all'interno degli approcci qualitativi, gli attack trees possono essere anche adattati e sfruttati in maniera quantitativa. Nel seguito del capitolo, proporremo un metodo per combinare le informazioni raccolte con gli *attack trees* al fine di migliorare la scelta relativa all'investimento in sicurezza per il sistema IT.

L'idea alla base del processo, consiste nel calcolare gli indici ROI e ROA e usarli per una *etichettatura quantitativa* degli attack trees. Inoltre vedremo come utilizzare gli attack trees con una *doppia visione*: quella dell'impresa e quella dell'attaccante.

1. La visone dell'impresa consiste nello sviluppare uno scenario d'attacco al sistema, individuando per ogni asset le minacce e le vulnerabilità in modo da creare un quadro completo dei possibili attacchi (tenendo anche conto del costo delle contromisure).

2. La visione dell'attaccante consiste nello sviluppare lo stesso scenario d'attacco al sistema, individuando questa volta le vulnerabilità che un avversario potrebbe sfruttare per poter portare a termine l'attacco, tenendo conto dei costi da sostenere a causa della presenza o meno di contromisure.

5.1 Analisi di uno scenario d'attacco

Prima di introdurre la metodologia di valutazione degli attack tree, creiamo uno scenario d'attacco che potrebbe interessare, ad esempio, un server presente in un'impresa. Tale esempio verrà utilizzato all'interno di tutto il capitolo per spiegare come procedere nell'analisi di uno stesso scenario, ma da due punti di vista complementari.

5.1.1 Individuazione delle strategie d'attacco

Supponiamo che l'obbiettivo di un attaccante sia quello di avere accesso ai dati dell'impresa riguardanti i clienti e che tali dati siamo memorizzati all'interno di un server dell'impresa.

Egli potrebbe agire in due differenti modi: cercare di "rubare i dati memorizzati nel server", o "rubare fisicamente il server".

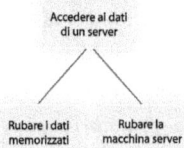

Figura 5.1: Scenario d'attacco base.

Arricchiamo lo scenario base riportato in Figura 5.1, analizzando il comportamento dell'attaccante in entrambe le strategie.

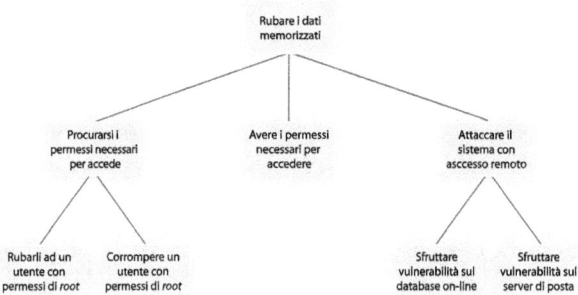

Figura 5.2: Esempio di attack tree in caso di furto di dati.

Nel primo caso, quello in cui l'attaccante tenti di "rubare i dati memorizzati nel server" (Figura 5.2), egli potrebbe agire nei seguenti modi:

- cercare di procurarsi i privilegi di root sottraendoli ad uno dei gestori del sistema IT, o corrompendo qualcuno;

- avere i privilegi necessari per accedere alla macchina;

- oppure tentare un accesso da remoto al sistema, colpendo il database dell'impresa con un attacco del tipo *SQL injection*[1] (sfruttando, ad esempio, delle vulnerabilità presenti nelle applicazioni sul sito web dell'impresa) o inviando un virus tramite posta elettronica (sfruttando, questa volta, delle vulnerabilità presenti sul server di posta).

Nel caso in cui, invece, l'attaccante decidesse di "rubare fisicamente il server" egli dovrebbe (Figura 5.3):

- avere accesso ai locali dell'impresa;

---

[1]L'**SQL injection** è un attacco in cui un utente già autenticato può sfruttare una interrogazione particolare (*query*) al database che gli permetta di leggere o modificare i dati in esso contenuti.

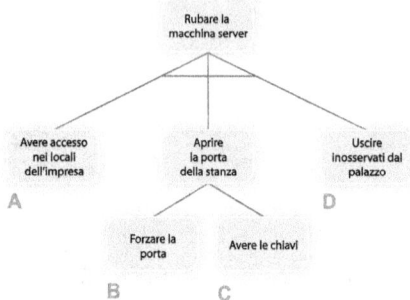

Figura 5.3: Esempio di attack tree in caso di furto della macchina server.

- riuscire ad aprire la porta della stanza in cui sono custoditi i server, forzandola o riuscire ad aprirla avendo le chiavi;

- e uscire inosservato dall'impresa.

È facile verificare che l'albero **and/or** di Figura 5.3 può essere rappresentato in maniera equivalente nell'albero in Figura 5.4. Infatti l'albero in Figura 5.3 corrisponde alla forma logica

$$\text{(A and (B or C) and D)}$$

che è equivalente alla *forma normale disgiuntiva*

$$\text{(A and B and D) or (A and C and D)}.$$

La Figura 5.4 mostra la nuova rappresentazione della strategia "rubare la macchina server". Vedremo nella Sezione 5.2.1 che tale trasformazione sarà necessaria per poter assegnare una frequenza agli eventi conseguibili con nodi and.

5.1.2 Individuazione delle contromisure

Una volta determinato lo scenario è necessario individuare quali sono i migliori meccanismi di controllo da introdurre a difesa del sistema.

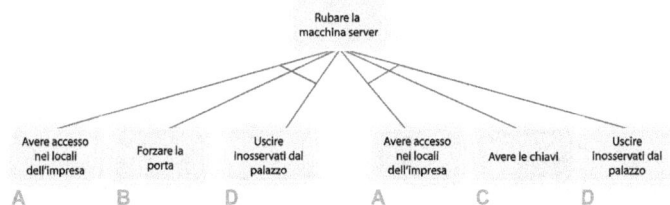

Figura 5.4: Esempio di attack tree in caso di furto della macchina server: modifica.

Per ogni possibile attacco individuato, identificato da un percorso che va dalla radice alle foglie, vengono aggiunti una serie di nuovi nodi, ognuno dei quali rappresenta una possibile contromisura per quella specifica strategia d'attacco. Tali nodi vanno a formare un nuovo livello dell'albero che ci permette di rappresentare non solo gli scenari d'attacco, ma anche i possibili scenari di difesa.

Nella Figura 5.5 di seguito riportata vediamo rappresentate alcune dei possibili controlli che potrebbero essere adottati nel caso di furto dei dati memorizzati all'interno di uno dei server dell'impresa.
Nel caso in cui l'attaccante cerchi di procurarsi i privilegi necessari per accedere al server, *rubandoli* ad uno degli utenti con permessi di root, alcune contromisure che possono essere adottate sono le seguenti:

- obbligare i gestori del server a cambiare periodicamente le password di accesso;

- scollegare sempre il computer dopo aver effettuato un accesso;

- aggiungere un *token* aggiuntivo per l'identificazione degli utenti come, ad esempio, meccanismi di firma digitale;

- distribuire le responsabilità nella gestione dei server su più utenti in modo da non creare un accentramento di "potere".

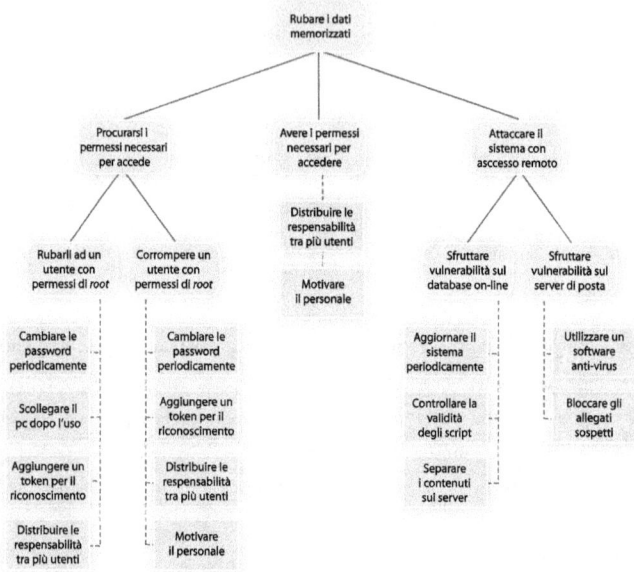

Figura 5.5: Esempio di contromisure nel caso di furto di dati.

Nel caso in cui l'attaccante cerchi di procurarsi i permessi necessari per accedere al server, *corrompendo* uno degli utenti che possiede i permessi di root,
alcune delle contromisure che possono essere adottate sono simili a quelle per
l'attacco precedente:

- obbligare i gestori del server a cambiare periodicamente le password di
  accesso;

- aggiungere un token aggiuntivo per l'identificazione degli utenti;

- distribuire le responsabilità nella gestione dei server su più utenti in
  modo da non creare un accentramento di "potere" su un'unica persona;

- cercare di motivare il personale interno all'impresa in modo di evitare comportamenti sleali nei confronti dell'impresa in cui lavorano.

Nel caso invece in cui l'attaccante sia qualcuno interno all'impresa e che quindi già in possesso dei permessi necessari per accedere alle informazioni memorizzate all'interno del server, le misure che possono essere adottate sono simili al caso di corruzione del personale:

- distribuire le responsabilità nella gestione dei server su più utenti in modo che un eventuale attacco da parte di una persona interna non blocchi il sistema IT nella sua interezza;

- cercare di motivare il personale interno all'impresa in modo di evitare tali comportamenti sleali.

Analizziamo il caso in cui l'attaco al server avvenga tramite un accesso da remoto. Se l'attaccante cercasse di sfruttare una vulnerabilità presente sul database accessibile on-line dal sito web, le contromisure che potrebbero essere adottate sono le seguenti:

- aggiornare periodicamente il sistema con le patch rilasciate dai fornitori del software;

- controllare la validità degli script utilizzati nelle applicazioni web;

- separare i contenuti e in particolare proteggere le informazioni riguardanti i clienti in server dedicati.

Se l'attaccante cercasse invece di sfruttare una vulnerabilità sul server di posta, attraverso l'invio di un *trojan*, alcune delle contromisure che possono essere adottate sono le seguenti:

- utilizzare un software anti-virus aggiornato che controlli anche il traffico email;

- bloccare gli allegati sospetti evitando che gli utenti scarichino inconsapevolmente codice nocivo, pre-configurando i client di posta.

Nella Figura 5.6 (corrispondente allo scenario di Figura 5.4) vediamo rappresentate alcune delle contromisure che possono essere adottate nel caso in cui l'attaccante decida di rubare fisicamente la macchina in cui sono memorizzati in dati di cui vuole entrare in possesso. È da sottolineare che abbiamo preferito usare lo scenario rappresentato in forma normale disgiuntiva per meglio calcolare la frequenza con cui si verifica un evento formato da una serie di nodi and (vedi Sezione 5.2.1).

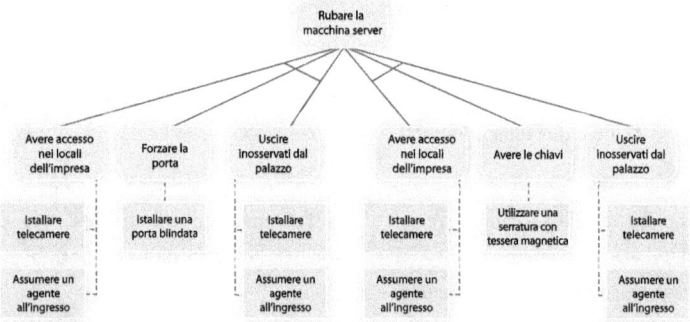

Figura 5.6: Esempi di contromisure nel caso di furto della macchina server.

Per evitare che una persona possa avere liberamente accesso ai locali dell'impresa si potrebbe:

- installare delle telecamere a sorveglianza della struttura;

- assumere un agente per il controllo degli ingressi nei locali dell'impresa, in modo da impedire degli accessi non autorizzati da parte di estranei.

Per evitare invece che la porta possa essere facilmente aperta si potrebbe:

- installare una porta blindata a protezione della stanza dei server;

- utilizzare una serratura con tesserino magnetico, di cui solo alcune persone ne hanno una copia.

Per evitare che una persona possa uscire inosservata dai locali dell'impresa portando via con se dei componenti hardware le possibile contromisure sono le stesse che vengono adottate per il controllo degli accessi, per cui:

- installare delle telecamere a sorveglianza della struttura;

- assumere un agente per il controllo dell'uscita di persone dai locali dell'impresa.

Nella Figura 5.7 viene riportato per completezza l'intero scenario creato.

5.2   Visione del difensore

Una volta creato lo scenario d'attacco, affichè l'impresa possa utilizzarlo per le proprie valutazioni, questo deve essere arricchito di maggiori informazioni che permettano di quantificare le perdite derivanti da ogni strategia d'attacco e valutare la frequenza con cui tali perdite possono interessare il sistema.

5.2.1   Etichettatura dell'albero

Dal punto di vista dell'impresa, l'albero deve essere studiato in modo da determinare il miglior investimento in quelle misure che possono fronteggiare prontamente le situazioni più rischiose.

A questo scopo è possibile utilizzare delle particolari etichette che permettano di effettuare delle valutazioni di tipo quantitativo sull'albero. Le etichette che verranno usate sono:

- l'*Asset value* (AV): il valore economico dell'asset, viene posto alla radice dell'albero a rappresentare la potenziale perdita massima per l'impresa;

- l'*Exposure factor* (EF): il fattore di esposizione posto su ogni foglia dell'albero indica il livello di danno o l'impatto provocato da un evento dannoso sul singolo asset;

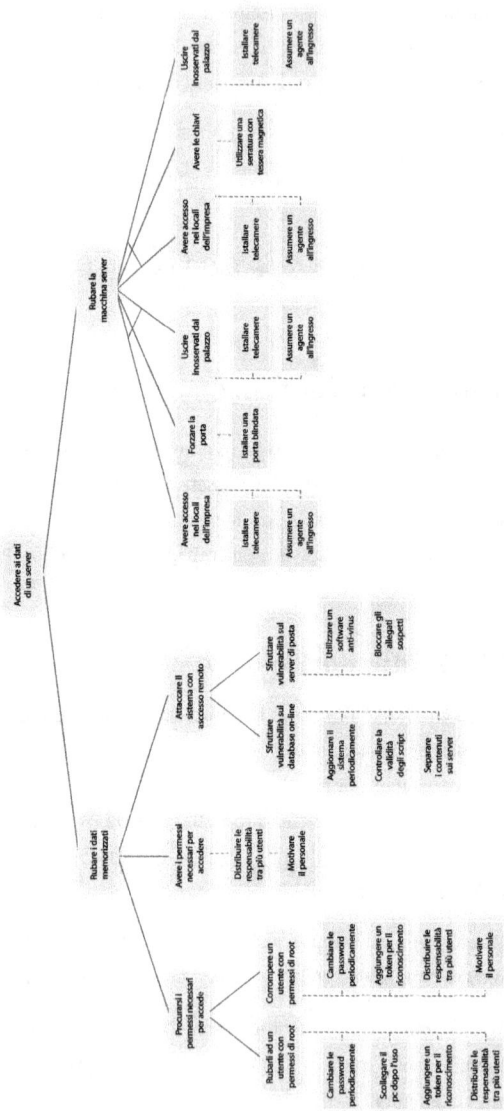

Figura 5.7: Esempio completo di attack tree: accesso ai dati memorizzati in un server.

- l'*Annualized rate of occurrence* (ARO): il tasso annuale di occorrenza, anch'esso posto sulle foglie indica la frequenza con cui un particolare thread si verifica nell'arco di un anno.

L'introduzione di queste informazioni all'interno dell'albero è estremamente importante in quanto permette di utilizzare gli indici, di cui abbiamo parlato nel Capitolo 3. In particolare è possibile determinare: la perdita derivante da una singola esposizione all'attacco, $SLE = AV \times EF$, e la perdita attesa annua derivante da quello specifico attacco per quella risorsa, $ALE = SLE \times ARO$.

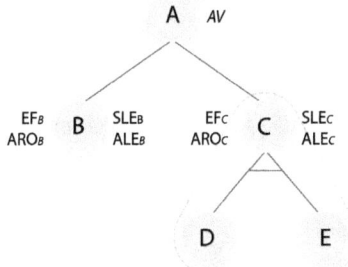

Figura 5.8: Modalità di assegnazione di valori delle etichette.

Punto cruciale per la valutazione dei diversi attacchi è il modo con cui sono valutati i nodi a seconda del loro tipo:

- per gli attacchi descritti da una serie di nodi **or**, come ad esempio quello rappresentato dal nodo B nella Figura 5.8, il calcolo dell'SLE e dell'ALE dipende dai valori di EF e ARO associati al nodo stesso;

- invece per quegli attacchi formati da un nodo **and** risulta difficile stimare la frequenza congiunta (l'ARO del nodo **and**) in funzione dei valori dell'ARO associati ai nodi figli. Per questo la nostra scelta è stata quella di trasformare l'albero in forma normale disgiuntiva e di

calcolare la frequenza della congiunzione di azioni sotto il nodo and.
Per quanto riguarda la stima di EF, si procederà allo stesso modo ad
una etichettatura del solo nodo and[2].

A questo punto è possibile procedere con l'etichettatura delle diverse
strategie d'attacco individuate all'interno del nostro esempio. Il valore del
server da noi considerato e delle informazioni in esso contenute è stimato pari
a 100.000 €, il tasso di occorrenze annuo (ARO) e il fattore di esposizione
(EF) per ogni tipo di attacco è riportato all'interno della Tabella 5.1

Analizzando i valori in Tabella 5.1 risulta chiaro che l'attacco attraverso
un virus risulta essere il più grave per l'impresa e quello che necessita di
essere fronteggiato il prima possibile in quanto, in mancanza di adeguate
contromisure, è quello che produce la perdita annua maggiore: 57.800 €.
Questo valore risulta essere così elevato in quanto l'azione di un virus è un
fenomeno ripetibile nel tempo e che quindi può agire ai danni di una stessa
risorsa anche più di una volta nell'arco di un anno[3].

Altro attacco molto grave risulta essere quello in cui un malintenzionato
entri in possesso dei privilegi di *root*. In questo caso l'EF risulta essere pari
al 100% in quanto, in una situazione del genere questa persona potrebbe
disporre completamente del sistema IT dell'impresa e provocare ogni genere
di danno. Tuttavia la perdita annua associata a questo tipo di attacco, nel
caso peggiore 40.000 €, non risulta essere estremamente elevata dato che
bassa è la frequenza con cui tale attacco si verifica.

Per quanto riguarda il caso del furto del server la perdita annua attesa
da un attacco di questo tipo risulta essere estremamente bassa in quanto la
frequenza con cui tale strategia d'attacco viene adottata è stimata essere pari
a una volta ogni dieci anni ($ARO = 0, 1$).

---

[2]Lo studio di modelli di statistica descrittiva più evoluti in grado di calcolare gli indici
EF e ARO per un nodo and a partire dai nodi figli,rientra tra i future work.

[3]Solitamente si suppone nel calcolo dell'ARO di avere sempre attacchi *ripetibili*. Nel
caso di attacchi *non ripetibili* l'indice ARO assumerà solo valori nell'intervallo $[0, 1]$. Valori
di $ARO > 1$ saranno equivalenti ad un ARO=1.

Attacco	EF	ARO	SLE	ALE
Rubare i dati memorizzati nel server grazie ai permessi rubati ad un utente con diritti di *root*	100%	0, 09	100.000 €	9.000 €
Rubare i dati memorizzati nel server grazie ai permessi ottenuti corrompendo un utente con diritti di *root*	100%	0, 09	100.000 €	9.000 €
Rubare i dati memorizzati nel server grazie al possesso dei permessi di *root*	100%	0, 40	100.000 €	40.000 €
Rubare i dati memorizzati nel server attraverso un attacco da remoto che sfrutti una vulnerabilità sul database on-line	90%	0, 08	90.000 €	7.200 €
Rubare i dati memorizzati nel server attraverso un attacco da remoto che sfrutti una vulnerabilità sul server di posta	85%	0, 68	85.000 €	57.800 €
Rubare la macchina server entrando nei locali dell'impresa, entrando nella stanza dei server sfondando la porta e uscendo inosservati dal palazzo	90%	0, 10	90.000 €	9.000 €
Rubare la macchina server entrando nei locali dell'impresa, entrando nella stanza dei server aprire la porta con le chiavi e uscendo inosservati dal palazzo	90%	0, 10	90.000 €	9.000 €

Tabella 5.1: Valori delle etichette.

5.2.2   Etichettatura delle contromisure

Per ogni attacco individuato all'interno dell'albero sono state rappresentate le possibili contromisure che possono essere adottare per fronteggiare quella specifica azione. Tali nodi formano un livello dell'albero che ci permette di rappresentare non solo gli scenari d'attacco, ma anche i possibili scenari di difesa.

Anche questo livello dell'*attack tree* deve essere etichettato in modo da fornire maggiori informazioni riguardanti la validità della strategia di difesa che deve essere adottata.

Le etichette necessarie a questo scopo sono:

- *% Risk Mitigated*: indica la percentuale di rischio mitigata attraverso l'adozione della contromisura;

- *Cost of Investment*: indica il costo che deve essere sostenuto per l'acquisto della stessa.

Grazie a questi valori e agli indici calcolati precedentemente è possibile calcolare per ogni contromisura il ROSI (Return on Security Investment), che come abbiamo visto nel Capitolo 3, viene utilizzato per effettuare una valutazione prettamente economica delle diverse soluzioni disponibili per fronteggiare le situazioni di rischio. Ricordiamo che il ROSI è dato da:

$$ROSI = \frac{(ALE \times \% \; Risk \; Mitigated) - Solution \; Cost}{Solution \; Cost}.$$

Il calcolo di questo indice ci permette di individuare le contromisure che riescono a mitigare gli effetti di un attacco ma nella maniera più economica possibile.

A questo punto è necessario precisare come procedere nel calcolo di questo indice tenendo conto delle differenti tipologie di nodi presenti nell'albero:

- se si tratta di foglie di nodi or, il *ROSI* viene calcolato per ogni contromisura;

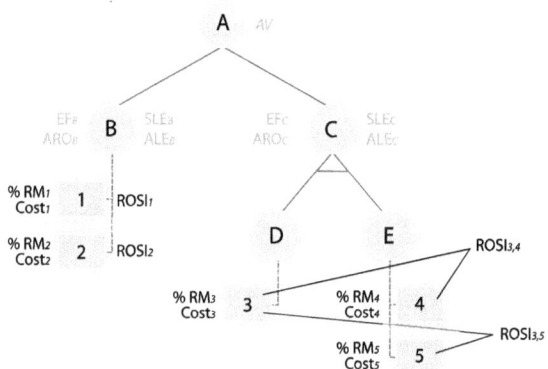

Figura 5.9: Modalità di assegnazione di valori delle etichette per ogni contromisura.

- per le contromisure associate agli attacchi rappresentati con nodi **and**, invece, sarà necessario calcolare il *ROSI* non delle singole contromisure, ma delle diverse combinazioni (infatti devono contrastare il verificarsi di tutti gli eventi descritti dal nodo **and**). Nella Figura 5.9, ad esempio, sarà necessario calcolare il $ROSI_{3,4}$ per la coppia di contromisure **3,4** e il $ROSI_{3,5}$ per la coppia di contromisure **3,5**.

Torniamo all'esempio fin'ora illustrato in modo da vedere come è possibile utilizzare gli indicatori appena introdotti. Per semplicità ci soffermeremo sull'analisi di un unico attacco, quello riguardante il furto di dati attraverso un attacco da remoto.

Nella Tabella 5.2 abbiamo riportato i valori assegnati ad ogni contromisura rappresentata nell'albero: l'ALE associato all'attacco, la percentuale di rischio mitigato dalla contromisura selezionata (%*RM*), il costo della contromisura (*Cost*) e il *Return On Security Investment* (*ROSI*).

Analizziamo i risultati ottenuti dal calcolo del *ROSI*:

1. nel caso di accesso non autorizzato ai dati attraverso il furto di *user-*

Contromisure per ogni attacco	ALE	% RM	Cost	ROSI
1. Cambiare la password periodicamente	9.000 €	60%	500 €	9,80
Disconnettere il pc dopo l'uso	9.000 €	10%	100 €	8,00
Aggiungere un *token* per il riconoscimento	9.000 €	80%	3.000 €	1,40
Distribuire le responsabilità tra più utenti	9.000 €	50%	15.000 €	−0,70
2. Cambiare la password periodicamente	9.000 €	60%	500 €	9,80
Aggiungere un *token* per il riconoscimento	9.000 €	80%	1.000 €	6,20
Distribuire le responsabilità tra più utenti	9.000 €	50%	15.000 €	−0,70
Motivare il personale	9.000 €	80%	2.000 €	2,60
3. Distribuire le responsabilità tra più utenti	40.000 €	50%	15.000 €	0,30
Motivare il personale	40.000 €	80%	2.000 €	15,00
4. Aggiornare il sistema periodicamente	7.200 €	90%	2.500 €	1,59
Controllare la validità degli script	7.200 €	70%	1.300 €	2,87
Separare i contenuti sui server	7.200 €	65%	5.000 €	−0,06
5. Utilizzare un software anti-virus	57.800 €	80%	2.000 €	22,10
Pre-configurare i client di posta	57.800 €	35%	1.000 €	19,23

Tabella 5.2: Etichettatura delle possibili contromisure adottate dall'impresa nel caso di furto di dati memorizzati in un server.

name e *password*, o la corruzione di un utente con privilegi di *root*, la contromisura che risulta essere più vantaggiosa è: cambiare la password periodicamente.

Da notare, invece, come la scelta di assumere un ulteriore persona al fine di distribuire la responsabilità tra più utenti non sia affatto buona dato il basso livello dell'indice $ROSI$ ad essa associato $(-0, 7)$.

2. nel caso di accesso non autorizzato da parte di un utente già in possesso di privilegi di *root* la soluzione migliore è quella di motivare il personale. L'indice ROSI associato a tale contromisura è pari a 15.

3. nel caso di un attacco che sfrutti una vulnerabilità del database dell'impresa risulta essere sorprendente come, nonostante la minor percentuale di rischio mitigato, un controllo sulla validità degli script $(ROSI = 2, 87)$ risulti essere più conveniente rispetto ad un aggiornamento periodico del sistema $(ROSI = 1, 59)$.

La scelta poi di separare i contenuti su più server comporterebbe addirittura una perdita per l'impresa visto il valore negativo del ROSI;

4. infine nel caso di attacco che sfrutti delle vulnerabilità sul server di posta la contromisura migliore risulta essere quella di utilizzare un software antivirus $(ARO = 27, 9)$ piuttosto che pre-configurare i client di posta $(ARO = 19, 23)$.

Nella Tabella 5.3 riportiamo il valore del $ROSI$ associato ad ogni tipologia d'attacco.

5.3 Visione dell'attaccante

Lo stesso attack tree che abbiamo creato nella Sezione 5.1 può essere analizzato dal punto di vista di un potenziale attaccante che vuole agire ai danni dell'impresa.

Attacco	ROSI
1. Rubare i dati memorizzati nel server grazie ai permessi rubati ad un utente con diritti di *root*	9, 80
2. Rubare i dati memorizzati nel server grazie ai permessi ottenuti corrompendo un utente con diritti di *root*	9, 80
3. Rubare i dati memorizzati nel server grazie al possesso dei permessi di *root*	15, 00
4. Rubare i dati memorizzati nel server attraverso un attacco da remoto che sfrutti una vulnerabilità sul database on-line	2, 87
5. Rubare i dati memorizzati nel server attraverso un attacco da remoto che sfrutti una vulnerabilità sul server di posta	22, 10

Tabella 5.3: Il return on security investment per ogni strategia d'attacco individuata.

Anche l'attaccante dovrà individuare i possibili scenari d'attacco che potrebbe adottare per raggiungere il proprio obbiettivo. Deve quindi considerare le eventuali vulnerabilità che potrebbero essere presenti all'interno del sistema IT dell'impresa, e individuare i modi per sfruttarle a proprio vantaggio.

5.3.1 Etichettatura dell'albero

L'attaccante non fa altro che utilizzare lo stesso *attack tree* usato dall'impresa, con l'unica differenza che le etichette utilizzate per valutare l'attacco sono:

- *il guadagno* atteso da un attacco portato a termine con successo (*gain*) viene posto alla radice dell'albero;

- *il costo* associato all'attacco viene invece posto sulle foglie dell'albero.

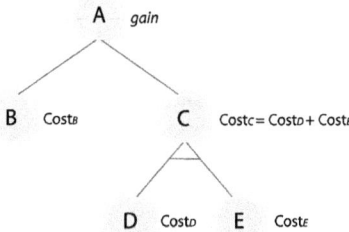

Figura 5.10: Modalità di assegnazione di valori delle etichette.

Come abbiamo già visto in precedenza un attacco è dato da un cammino che va dalla radice alle foglie:

- per quegli attacchi formati da una serie di nodi or, il costo che l'attaccante deve sostenere è dato dal costo associato alla foglia, ad esempio nella Figura 5.10, il costo associato all'attacco B è dato dal costo del nodo stesso;

- per quegli attacchi, invece, formati da un nodo and il costo complessivo è dato dalla somma dei costi associati ai nodi che lo compongono. Nell'esempio in Figura 5.10 il costo del nodo C è dato dalla somma dei costi del nodo D e del nodo E[4].

Continuiamo l'esempio trattato fin'ora all'interno di questo Capitolo e analizziamolo adesso da un altro punto di vista: quello dell'attaccante.

Abbiamo detto che l'obbiettivo che l'attaccante vuole ottenere è quello di accedere ai dati relativi ai clienti di una certa impresa e memorizzati all'interno di un server.

---

[4]L'uso di operazioni diverse dalla somma per la valutazione dei nodi dell'attack tree, come ad esempio l'operazione di max per valutare una etichetta come l'esperienza dell'attaccante, rientrano tra i future work.

Attacco		Costo
1.	Rubare i dati memorizzati nel server grazie ai permessi rubati ad un utente con diritti di *root*	3.000 €
2.	Rubare i dati memorizzati nel server grazie ai permessi ottenuti corrompendo un utente con diritti di *root*	10.000 €
3.	Rubare i dati memorizzati nel server grazie al possesso dei permessi di *root*	0 €
4.	Rubare i dati memorizzati nel server attraverso un attacco da remoto che sfrutti una vulnerabilità sul database on-line	2.000 €
5.	Rubare i dati memorizzati nel server attraverso un attacco da remoto che sfrutti una vulnerabilità sul server di posta	1.000 €
6.	Rubare la macchina server entrando nei locali dell'impresa, entrando nella stanza dei server sfondando la porta e uscendo inosservati dal palazzo	4.000 €
7.	Rubare la macchina server entrando nei locali dell'impresa, entrando nella stanza dei server aprire la porta con le chiavi e uscendo inosservati dal palazzo	4.200 €

Tabella 5.4: Valori delle etichette associate ad ogni attacco.

A questo punto è possibile etichettare l'albero ottenuto con i valori che permettono all'attaccante di valutare il costo di ogni strategia d'attacco.

Il valore delle informazioni contenute nel server, per l'attaccante, è ipotizzato pari a 30.000 €. I costi associati ad ogni azione che compone l'attacco sono invece rappresentati all'interno della Tabella 5.4.

Gli ultimi due attacchi differiscono tra loro solo per un ammontare di 200 €. Questi sono prodotti da un nodo **and** per cui il loro costo complessivo è dato dalla somma dei costi delle singole azioni che lo compongono. In particolare abbiamo supposto che il costo dell'azione "avere accesso nei locali dell'impresa" è pari a 2.000 €, il costo dell'azione "uscire inosservati dal palazzo" è pari a 2.000 €, mentre il costo dell'azione "aprire la porta della stanza" è pari a 0 €, nel caso in cui si decida si sfondare la porta, e 200 € nel caso invece in cui si sia in possesso delle chiavi.

5.3.2   Etichettatura delle contromisure

Una volta creato l'intero albero l'attaccante deve essere in grado di selezionare tra le diverse strategie d'attacco quale risulta essere quella per lui
più vantaggiosa.

Egli dovrà utilizzare un indice che riesca a misurare il guadagno atteso
derivante da un attacco portato a termine con successo: il ROA.

Ricordiamo che il ROA(*Return on Attack*) è dato da:

$$ROA = \frac{gain\ from\ successful\ attack}{cost\ before\ S + loss\ caused\ by\ S}$$

Utilizzando questo indice è possibile individuare qual è il miglior attacco
da un punto di vista strettamente economico, tenendo conto sia del costo
che l'attaccante deve sostenere per metterlo in atto, sia della presenza di
eventuali contromisure all'interno del sistema IT dell'impresa.

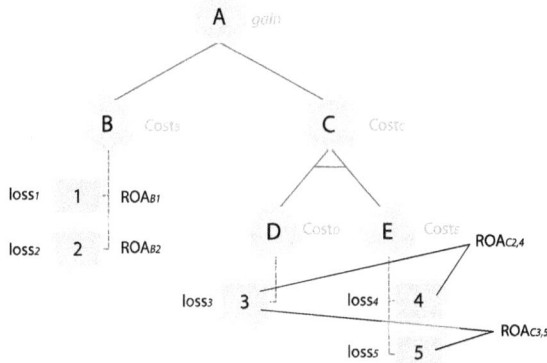

Figura 5.11: Modalità di assegnazione di valori delle etichette per ogni possibile
contromisura presente nel sistema.

Anche in questo caso bisogna precisare che, a seconda del tipo di nodi
che formano l'attacco, il calcolo di questo indice risulta essere differente:

- per i nodi or il ROA viene calcolato per ognuna delle eventuali contromisure presenti nel sistema, ad esempio per il nodo C della Figura 5.9
  viene calcolato il ROA_1, associato alla contromisura numero 1, e il
  ROA_1 associato alla contromisura 2;

  - per i nodi di tipo and, invece, il ROA deve essere calcolato combinando
    tra loro le diverse contromisure. Nell'esempio in Figura 5.9 per l'attac-
    co identificato dal nodo C viene calcolato il $ROA_{3,4}$ per la coppia di
    contromisure 3,4 e il $ROA_{3,5}$ per la coppia di contromisure 3,5.

Una volta calcolato questo indice per tutte le contromisure l'attaccante se-
lezionerà l'attacco che massimizza il proprio guadagno, ovvero quello che
presenta il ROA più elevato.

Torniamo all'esempio in modo da vedere come è possibile calcolare l'indice
appena discusso.

L'attaccante deve ora supporre quali siano le contromisure adottate dal-
l'impresa, rappresentarle all'interno del proprio *attack tree* ed etichettarle in
base a quei valori che gli permettono di giudicare la validità delle differenti
strategie d'attacco.

Questo processo non risulta essere particolarmente difficile, in quanto l'attaccante può facilmente immaginare quali saranno tali controlli.

Il risultato sarà quindi un albero del tutto equivalente a quello creato
dall'impresa (vedi scenario completo in Figura 5.7), ma con delle etichette
differenti. Nella Tabella 5.5 sono riportati questi nuovi valori nel caso di
"furto di dati memorizzati in un server".

A questo punto è necessario associare ad ogni attacco il relativo ROA.
Poichè l'attaccante non conosce quali sono le contromisure che saranno effettivamente adottate nell'impresa, il ROA associato ad ogni attacco è il
minimo tra quelli calcolati per ogni strategia.

Ad esempio il ROA associato alla strategia numero 5 (rubare i dati attraverso un attacco che sfrutti una vulnerabilità sul server di posta) è pari a 6,00

Contromisure per ogni attacco	Costo	Perdita	ROA
1. Cambiare la password periodicamente	3.000 €	1.000 €	7,50
Disconnettere il pc dopo l'uso	3.000 €	500 €	8,57
Aggiungere un *token* per il riconoscimento	3.000 €	1.500 €	6,67
Distribuire le responsabilità tra più utenti	3.000 €	700 €	8,11
2. Cambiare la password periodicamente	10.000 €	1.000 €	2,72
Aggiungere un *token* per il riconoscimento	10.000 €	1.500 €	2,60
Distribuire le responsabilità tra più utenti	10.000 €	700 €	2,80
Motivare il personale	10.000 €	2.000 €	2,50
3. Distribuire le responsabilità tra più utenti	0 €	700 €	42,85
Motivare il personale	0 €	2.000 €	15,00
4. Aggiornare il sistema periodicamente	2.000 €	2.500 €	6,67
Controllare la validità degli script	2.000 €	3.000 €	6,00
Separare i contenuti sui server	2.000 €	1.000 €	10,00
5. Utilizzare un software anti-virus	1.000 €	1.500 €	12,00
Pre-configurare i client di posta	1.000 €	400 €	21,42

Tabella 5.5: Etichettatura delle possibili contromisure adottate dall'impresa nel caso di furto di dati memorizzati in un server.

il minimo tra: $6,67$ (aggiornare il sistema periodicamente), $6,00$ (controllare la validità degli script) e $10,00$ (separare i contenuti sui server).

Così facendo ogni attacco produrrà il seguente guadagno per l'attaccante:

Attacco		ROA
1.	Rubare i dati memorizzati nel server grazie ai permessi rubati ad un utente con diritti di *root*	$6,67$
2.	Rubare i dati memorizzati nel server grazie ai permessi ottenuti corrompendo un utente con diritti di *root*	$2,50$
3.	Rubare i dati memorizzati nel server grazie al possesso dei permessi di *root*	$15,00$
4.	Rubare i dati memorizzati nel server attraverso un attacco da remoto che sfrutti una vulnerabilità sul database on-line	$6,00$
5.	Rubare i dati memorizzati nel server attraverso un attacco da remoto che sfrutti una vulnerabilità sul server di posta	$12,00$

Tabella 5.6: Il *return on attack* per ogni strategia d'attacco individuata

In questo modo siamo riusciti a dedurre che la strategia d'attacco migliore sarebbe la numero 3 ovvero quella per cui una persona già in possesso dei privilegi di *root* può agire in maniera diretta ai danni del sistema. Altra strategia che risulta essere vantaggiosa è la numero 5 quella che prevede l'attacco attraverso un virus.

Da notare invece come la strategia numero 2, in cui l'attaccante potrebbe corrompere un impiegato dell'impresa, risulta essere quella con il *ROA* più basso.

5.4   Valutazione complessiva degli scenari

Nella sezione 5.2 abbiamo visto come poter utilizzare gli *attack trees* per la determinazione delle contromisure e per la valutazione di quali risultano essere il miglior investimento per l'impresa.

Nella sezione 5.3 abbiamo poi visto come uno stesso *attack tree* possa essere utilizzato per determinare la migliore strategia, per un attaccante, per colpire l'impresa. Siamo quindi riusciti a determinare l'attacco per egli più redditizio tenendo conto dei costi e delle contromisure impiegati all'interno della stessa impresa.

A questo punto è possibile effettuare un ulteriore passo all'interno della nostra analisi che aiuti l'impresa nella difesa delle proprio risorse.

Il team incaricato di svolgere il processo di *risk assessment*, una volta individuati i diversi scenari d'attacco, deve individuare non solo i meccanismi di difesa che risultano essere economicamente più vantaggiosi per l'impresa, ma anche quelli che riescono a inibire il più possibile l'azione di potenziali attaccanti.

Per fare ciò basta procedere nell'analisi osservando, contemporaneamente, i due punti di vista dello stesso scenario e puntare non solo alla massimizzazione dell'investimento in sicurezza dei sistemi IT ($ROSI$), ma anche alla minimizzazione del guadagno per l'attaccante (ROA).

Le Tabelle 5.6(a) e 5.6(b) riportano l'ordine con cui l'impresa riesce a massimizzare il proprio investimento, e l'ordine con cui l'attaccante riesce ad massimizzare il guadagno derivante dal proprio attacco.

Confrontando queste due Tabelle si può dedurre che: l'impresa dovrà investire sicuramente nell'acquisto di quelle contromisure necessarie a fronteggiare gli attacchi numero 5 e numero 3. Non solo perchè con queste otterrà il ROSI maggiore, ma anche perchè queste due strategie d'attacco sono quelle che hanno il rendimento più alto per l'attaccante e che quasi certamente saranno messe in atto.

Nel caso in cui i fondi a disposizione dell'impresa non fossero esauriti, il management dovrebbe investire anche in quelle misure necessarie a fronteggiare l'attacco numero 1, nonostante il valore del ROSI per questo attacco e per l'attacco 2 sia lo stesso, è preferibile investire nell'1 in quanto presenta un ROA più elevato.

(a) Visione dell'impresa.

Attacco		ROSI
5.	Rubare i dati memorizzati nel server attraverso un attacco da remoto che sfrutti una vulnerabilità sul server di posta	22, 10
3.	Rubare i dati memorizzati nel server grazie al possesso dei permessi di *root*	15, 00
1.	Rubare i dati memorizzati nel server grazie ai permessi rubati ad un utente con diritti di *root*	9, 80
2.	Rubare i dati memorizzati nel server grazie ai permessi ottenuti corrompendo un utente con diritti di *root*	9, 80
4.	Rubare i dati memorizzati nel server attraverso un attacco da remoto che sfrutti una vulnerabilità sul database on-line	2, 87

(b) Visione dell'attaccante.

Attacco		ROA
3.	Rubare i dati memorizzati nel server grazie al possesso dei permessi di *root*	15, 00
5.	Rubare i dati memorizzati nel server attraverso un attacco da remoto che sfrutti una vulnerabilità sul server di posta	12, 00
1.	Rubare i dati memorizzati nel server grazie ai permessi rubati ad un utente con diritti di *root*	6, 67
4.	Rubare i dati memorizzati nel server attraverso un attacco da remoto che sfrutti una vulnerabilità sul database on-line	6, 00
2.	Rubare i dati memorizzati nel server grazie ai permessi ottenuti corrompendo un utente con diritti di *root*	2, 50

Tabella 5.7: Ordine degli attacchi in base ai valori del ROSI e del ROA calcolati.

Conclusioni

In questo testo è stato studiato il processo di l'Information Security Risk Management ovvero quel un processo che si occupa di analizzare la struttura dei sistemi IT di un'impresa, con l'obbiettivo di individuare l'eventuale presenza di problemi riguardanti la sicurezza dei sistemi e delle informazioni in essi custodite.

Abbiamo visto che tale processo è suddiviso in tre fasi distinte.

La prima fase è quella di *risk assessment* e viene svolta con l'obbiettivo di analizzare nel dettaglio il sistema informativo utilizzato all'interno dell'organizzazione. In particolare in questa fase vengono analizzati tutti gli asset dell'impresa, tangibili e intangibili, al fine di individuare la presenza di vulnerabilità e di conseguenti rischi di attacco.

La seconda fase è quella di *risk mitigation* che viene svolta al fine di selezionare quei meccanismi di controllo che permettono di mitigare i rischi precedentemente individuati.

L'ultima fase, quella di *evaluation and assessment*, ha l'obbiettivo di monitorare il sistema e valutare i risultati ottenuti con l'adozione dei meccanismi selezionati nelle fasi precedenti.

Abbiamo poi analizzato i differenti approcci, qualitativo e quantitativo, usati per lo studio dei rischi. In particolare, gli approcci qualitativi studiano i possibili scenari d'attacco ed individuano contromisure solo basandosi su dei parametri qualitativi della situazione.

Gli approcci quantitativi, invece, si concentrano sulla quantificazione dei rischi che possono interessare il sistema, con l'obbiettivo di valutare la convenienza di un investimento in sicurezza. Per far questo ricorrono a numerosi indici come il Return On Security Investment (ROSI) e il Return on Attack (ROA).

Dall'analisi di queste metodologie abbiamo visto come gli approcci prettamente qualitativi, nonostante la loro semplicità di impiego, non siano in grado di fornire valutazioni oggettive delle situazioni di rischio, mentre gli approcci quantitativi risultano essere precisi ma non sufficientemente espressivi nell'analisi degli scenari d'attacco.

Abbiamo quindi approfondito un metodo qualitativo di analisi basato sull'uso degli alberi per la rappresentazione dei rischi che possono interessare un qualsiasi sistema: i fault trees, gli event trees, i vulnerability trees ed infine gli attack trees.

In particolare ci siamo soffermati sugli attack trees, e abbiamo visto come tale strumento, grazie alla propria struttura con nodi di tipo **and/or**, possa essere impiegato per la rappresentazione e l'individuazione degli scenari d'attacco che possono interessare i diversi asset dell'impresa e come possano facilitare l'individuazione delle vulnerabilità presenti e utilizzabili da un ipotetico attaccante.

Infine, nell'ultima parte abbiamo proposto metodo per combinare la precisione oggettiva delle analisi quantitative con la facilità descrittiva degli scenari d'attacco propria dei metodi qualitativi. In particolare, abbiamo visto come l'utilizzazione degli attack tree possa essere esteso alla fase di risk assessment.

Inoltre, abbiamo esteso l'uso degli attack tree ad una doppia visione: quella del difensore e quella dell'attaccante. Da un lato il sistemista dell'impresa dovrà scegliere come proteggersi dalle varie vulnerabilità evidenziate dall'attack tree cercando di spendere il meno possibile per una contromisura efficace. Dall'altro, l'attaccante dovrà scegliere quale vulnerabilità tentare di utilizzare tenendo conto anche dell'eventuale costo da sostenere per contromisure presenti.

A questo scopo, ogni foglia dell'albero è stata arricchita con la serie delle contromisure che possono essere adottate per fronteggiare le varie strategie d'attacco.

Le due visioni (attaccante e difensore) dello scenario d'attacco sono state ottenute etichettando l'albero due indici che permettono di valutare: da un lato il guadagno ottenuto dall'attaccante nello sferrare la propria azione (*Return on Attack*), dall'altro il costo sostenuto dall'impresa per fronteggiare l'attacco (*Return On Security Investment*).

In questo modo siamo riusciti ad utilizzare in maniera quantitativa uno strumento prettamente qualitativo.

Numerosi sono gli spunti forniti da questo lavoro per degli studi futuri e più dettagliati in questo ambito. Le tematiche che potranno essere approfondite riguardano:

- L'uso di *semiring* [4] per il trattamento degli alberi and/or. L'idea è quella di riuscire a combinare, usando le operazioni di × e + del semiring, i valori ARO ed EF associati alle singole foglie in modo da poter valutare ARO ed EF dei nodi intermedi ed assegnare una misura della vulnerabilità dell'asset stesso in corrispondenza del nodo radice.

- Studiare il modo per migliorare la valutazione dell'ARO. Trasformando l'indice ARO da frequenza, in probabilità o possibilità e applicando quindi la relativa teoria delle probabilità o delle possibilità [8] al calcolo dell'ARO nei nodi intermedi a partire dai nodi foglia.

- Aggiungere nel calcolo dell'indice ROA anche un valore corrispondente a quanto dovrebbe pagare l'attaccante se sorpreso nell'attacco. Infatti finora si considerano solo i costi che l'attaccante deve sostenere per sfruttare la vulnerabilita' ma non i rischi in caso di fallimento dell'attacco. Non si valuta nemmeno la possibilità di una sorta di controesposizione all'attacco [3].

- Effettuare uno studio econometrico per cercare di rilevare quale delle

vulnerabilità viene sfruttata con più frequenza e quale delle contromisure portano a migliori risultati [30].

Appendice A

Strumenti per il risk management

All'interno di questo lavoro abbiamo visto che nel processo di risk management vengono utilizzati in ogni fase dei particolari strumenti per la raccolta delle informazioni come: questionari, schemi, piani e matrici.

Qui di seguito vengono riportati a scopo illustrativo alcuni esempi di tali strumenti tratti da documenti ufficiali come la guida *"Risk Management Guide for Information Technology Systems"* del NIST, National Institute of Standard Technology [34], e *"Information Security Risk Assessment Practices of Leading Organizations"* del GAO, United States General Accounting Office [11].

Questionario per lo studio delle caratteristiche del sistema

Il questionario riportato nella Tabella A.1 è un esempio, tratto da [34], di possibili domande che possono essere poste al personale addetto ai sistemi IT durante le interviste che vengono effettuate per raccogliere informazioni sulle caratteristiche operative del sistema.

Schema per l'individuazione dei livelli di rischio

La Tabella A.2 è un esempio di schema, tratto da [11], che viene usato dal team di assessment durante le interviste ai membri dell'organizzazione per poter effettuare una valutazione dell'impatto di una minaccia all'interno di diverse aree dell'impresa ed individuare, così i livelli di rischio esistenti (*hight, medium* e *low*).

1	Who are valid users?
2	What is the mission of the user organization?
3	What is the purpose of the system in relation to the mission?
4	How important is the system to the user organization's mission?
5	What is the system-availability requirement?
6	What information (both incoming and outgoing) is required by the organization?
7	What information is generated by, consumed by, processed on, stored in, and retrieved by the system?
8	How important is the information to the user organization's mission?
9	What are the paths of information flow?
10	What types of information are processed by and stored on the system (e.g., financial, personnel, research and development, medical, command and control)?
11	What is the sensitivity (or classification) level of the information?
12	What information handled by or about the system should not be disclosed and to whom?
13	Where specifically is the information processed and stored?
14	What are the types of information storage?
15	What is the potential impact on the organization if the information is disclosed to unauthorized personnel?
16	What are the requirements for information availability and integrity?
17	What is the effect on the organization's mission if the system or information is not reliable?
18	How much system downtime can the organization tolerate? How does this downtime compare with the mean repair/recovery time? What other processing or communications options can the user access?

Tabella A.1: Questionario per la raccolta di informazioni sulle caratteristiche operative del sistema.

Areas of vulnerability and possible effects of damage	Monetary loss			Producti- vity loss			...
	H	M	L	H	M	L	...
Personnel							
Unauthorized disclosure, modification, or destruction of information							
Inadvertent modification or destruction of information							
Nondelivery or misdelivery of service							
Denial or degradation of service							
Facilities and equipment							
Unauthorized disclosure, modification, or destruction of information							
Inadvertent modification or destruction of information							
Nondelivery or misdelivery of service							
Denial or degradation of service							
Applications							
Unauthorized disclosure, modification, or destruction of information							
Inadvertent modification or destruction of information							
Nondelivery or misdelivery of service							
Denial or degradation of service							
Communications							
Unauthorized disclosure, modification, or destruction of information							
Inadvertent modification or destruction of information							
Nondelivery or misdelivery of service							
Denial or degradation of service							
Software and operating systems							
Unauthorized disclosure, modification, or destruction of information							
...							

Tabella A.2: Schema per la valutazione del livello di vulnerabilità delle diverse aree del sistema.

Bibliografia

[1] Davide Balzarotti, Mattia Monga, and Sabrina Sicari. Assessing the risk of using vulnerable components. In *Proceedings of the First Workshop on Quality of Protection*, Milan, Italy, September 2005.

[2] Flavio Bazzana and Monica Potrich. Il risk management nelle medie imprese del nord est: risultati di un'indagine. Alea - Centro di ricerca sui rischi finanziari, Dipartimento di informatica e studi aziendali Università di Trento, Novembre 2002.

[3] Giampaolo Bella, Stefano Bistarelli, and Fabio Massacci. A protocol's life after attacks... In B. Christianson, editor, *IWSP-03*, LNCS. SV, 2004.

[4] Stefano Bistarelli. *Semirings for Soft Constraint Solving and Programming (LECTURE NOTES IN COMPUTER SCIENCE)*. SpringerVerlag, 2004.

[5] Bob Blakley. An imprecise but necessary calculation. *Secure Business Quarterly*, 1(2), 2001.

[6] M.N. Carcassi, G.M. Cerchiara, and L. Zambolin. Possibility theory and fuzzy logic applications to risk assessment problems. In University of Zagreb Dr. Neven DuiÃŠ, FSB, editor, *International Conference on Sustainable Development of Energy, Water and Environment Systems*, volume I, pages 1–10. ENERGETIKA MARKETING, June 2002.

[7] Marco Cremonini and Patrizia Martini. Evaluating information security investments from attackers perspective: the return-on-attack (roa). In *Fourth Workshop on the Economics of Information Security*, June 2005.

[8] Didier Dubois, Hélène Fargier, and Henri Prade. Possibility theory in constraint satisfaction problems: Handling priority, preference and uncertainty. In *Applied Intelligence*, volume 6, pages 287–309. 1996.

[9] Luigi Ferrara. Risk management & control: identificazione, misurazione e gestione del rischio. *Contabilià finnza e controllo*, II(10), 2000.

[10] Steve Foster and Bob Pacl. Analysis of return on investment for information security. Getronics ICT. http://www.getronics.com/.

[11] United States General Accounting Office GAO. Information security risk assessment-practices of leading organizations, May 1998.

[12] Michel Gilbert. Disaster recovery planning: Conducting a risk analysis. *Hill Associates*, November 2003.

[13] Lawrence A. Gordon, Martin P. Loeb, William Lucyshyn, and Robert Richardson. Csi/fbi computer crime and security survey. Technical report, CSI, Computer Security Institute, 2005.

[14] Kevin John Soo Hoo. *How much is enough: a risk management approach to computer security.* PhD thesis, 2000. Adviser-Michael M. May.

[15] The Institution of Electrical Engineers Health IEE and Safety Briefing 26. Quantified risk assessment techniques - part 2, event tree analysis, September 2004.

[16] Clifton A. Ericson II. Fault tree analysis - a history. In *Proceedings of the 17th International System Safety Conference*, August 1999.

[17] Matt Jacobs. Risk analysis: Tying it all together. SANS Institute, As part of GIAC practical repository, 2003.

[18] B. D. Jenkins. Risk analysis helps establish a good security posture; risk management keeps it that way. Norman Data Defense Systems, Inc., 1998.

[19] Micki Krause and Harold F. Tipton. *Handbook of Information Security Management*. CRC Press LLC, 1999.

[20] Ronal L. Krutz, Russell Dean Vines, and Edward M. Stroz. *The CISSP Prep Guide: Mastering the Ten Domains of Computer Security*. Wiley, August 2001.

[21] Gregory A. Lamm and Yacov Y. Haimes. Assessing and managing risks to information assurance: A methodological approach. *Systems Engineering*, 5(4):286–314, August 2002.

[22] Amenaza Technologies Limited. Creating secure systems through attack tree modeling, June 2003.

[23] Alberto Martelli and Ugo Montanari. Additive and/or graphs. In *IJCAI*, pages 1–11, 1973.

[24] Rebecca T. Mercuri. Analyzing security costs. *Communication of the ACM*, 46(6):15–18, June 2003.

[25] James W. Meritt. A method for quantitative risk analysis. In *Proceedings of the 22nd National Information Systems Security Conference*, October 1999.

[26] Fernando Metelli. L'approccio al risk managment nelle istituzioni finanziarie. *Amministrazione & finanza. Oro*, 2, 2002.

[27] Andrew Moore, Robert Ellison, and Richard Linger. Attack modeling for information security and survivability. Technical report, Software Engineering Institute CMU/SEI-2001-TN-001, 2001.

[28] Will Ozier. Risk metrics needed for it security. SecurityProNews, August 2003.

[29] Cynthia A. Phillips and Laura Painton Swiler. A graph-based system for network-vulnerability analysis. In *Workshop on New Security Paradigms*, pages 71–79, 1998.

[30] Stuart E. Schechter. Toward econometric models of the security risk from remote attack. *IEEE Security and Privacy*, 3(1):40–44, 2005.

[31] Bruce Schneier. Attack trees: Modeling security threats. Dr. Dobb's Journal, December 1999.

[32] Bruce Schneier. *Secrets & Lies: Digital Security in a Networked World*. John Wiley & Sons, August 2000.

[33] Wes Sonnenreich, Jason Albanese, and Bruce Stout. Return on security investment (rosi): A practical quantitative model. In *WOSIS*, pages 239–252, 2005.

[34] Gary Stoneburner, Alice Goguen, and Alexis Feringa. Risk management guide for information technology systems. Nist special publication 800–30, NIST, National Institute of Standard Technology, July 2002.

[35] William E. Vesely, F. F. Goldberg, Norman H. Roberts, and David F. Haasl. *Fault Tree Handbook*. Systems and Reliability Research Office of Nuclear Regulatory Commission, Washington D.C. 20555, January 1981.

[36] Stilianos Vidalis and Andy Jones. Using vulnerability trees for decision making in threat assessment. Soc-technical report-cs-03-2, University of Glamorgan, June 2003.

[37] Jeffrey W. Vincoli. *Basic Guide to Accident Investigation and Loss Control (Hardcover)*. Wiley, August 1994.

[38] H. A. Watson. Launch control safety study. Technical report, Bell Telephone Laboratories, Murray Hill, New Jersey, 1691.

[39] Huaqiang Wei, Deb Frinke, Olivia Carter, and Chris Ritter. Cost-benefit analysis for network intrusion detection systems. CSI 28th Annual Computer Security Conference, October 2001.

[40] Michael E. Whitman and Herbert J. Mattord. *Principles of Information Security*. Course Technology, 1st edition, December 2002.